道徳科授業サポートBOOKS

「特別の教科 道徳」の
授業と評価
実践ガイド

道徳ノートの記述から見取る
通知票文例集

小学校

服部 敬一 編著

明治図書

まえがき

　道徳教育の評価はどのようにすればよいのか。

　このことは，非常に重要な課題であるにもかかわらず，これまではこの課題に関心をもっている人はそれほど多くはなかったのではないだろうか。私はこれまで20年以上，道徳の時間の評価に関心をもってきたが，その間，道徳の評価についての研究を目にすることはほとんどなかった。ところが，特別の教科である道徳（以下「道徳科」）が創設されることになり，「評価をしなければならない」という気運が急に高まり，教育現場のみならず研究者の間でも「道徳科」の評価について関心をもつ人が爆発的に増えた。しかし，ここで忘れてはならないことは，新しい学習指導要領における「道徳科」の評価についての「児童の学習状況や道徳性に係る成長の様子を継続的に把握し，指導に生かすよう努める必要がある。ただし，数値などによる評価は行わないとする。」という記述は，これまでの学習指導要領の「道徳の時間」の記述と大きく変わるものではない。つまり，これまでの道徳の時間においても評価をすることになっていたし，数値などによる評価は行わないことになっていたのである。

　つまり，昨今の評価への関心は，指導要録や通知票に何をどのように書くかということへの関心であると言うべきであろう。しかし，指導要録や通知票での評価はこれまでしてこなかったものであり，子供やその保護者に直接フィードバックするものであるだけに重要であり，関心が高いのもうなずけるところである。このように重要なことであるからこそ，「何でもよいから子供のよいところを見つけて，ほめておけばよい」というような安易な評価に陥ることなく，「道徳科」における子供の学習状況や道徳性に係る成長の様子を正しく把握したいものである。その上で，それを認めて励ましたいものである。子供も，お門違いのほめ言葉ではなく，納得のいく評価をしてもらいたいはずである。そのためには，「道徳科」の学習が一人一人の子供にどのような学びをもたらしたのか，つまり，子供は新たに何を学んだのかを把握する必要がある。

　そのことを考える上で，混同しやすい３つのことについて触れておきたい。

○「学校の教育活動全体を通じて行う道徳教育」の評価と「道徳科」の評価の混同

　これまでの「道徳の時間」や，これからの「道徳科」は，「学校の教育活動全体を通じて行う道徳教育」（以下「道徳教育」）と混同されやすい。もちろん，両者は密接に関係しているし，それらが相まって効果を上げている可能性も否定できない。しかし，それらを混同してしまうと，例えば，ある学校で子供の中に思いやりのある姿が多く見られるようになった場合，それが「道徳教育」の成果なのか「道徳科」の成果なのかが区別できなくなってしまう。その結果，「道徳科」の評価をすることができなくなる。特に，今回の学習指導要領の改訂では「道徳科」の目標も「道徳教育」の目標も道徳性の育成に統一されたために，一層混同されやすくなった

2

と考える。しかし，今回の指導要録に新設された評価欄は「特別の教科　道徳」の評価欄である。しかも，子供の道徳性を評価するのではないことも忘れてはならない。

○子供が「学んだこと」と「もともと知っていたこと」の混同

「正直にすべきである」「規則は守るべきである」「人には優しくすべきである」などについては，小学校1年生でも知っている。学習指導要領の内容項目に書かれていることについても同様である。したがって，「今日の道徳の勉強で，うそをついてはいけないことが分かりました。これからは正直にしたいと思います。」と子供が書いたり言ったりしたとしても，それだけでは子供が正直にすべきことを「学んだ」とは言い切れない。「もともと知っていたこと」を確認しただけに過ぎないかもしれないからである。子供が「学んだ」と言うためには，それまで子供がおそらく知らなかったであろう正直にすべき理由や根拠，うそをつくことについての問題点や課題について述べられなければならない。

○教育評価と人物評価の混同

子供の道徳性を評価するのではなく，「道徳科」における子供の学習状況や道徳性に係る成長の様子を評価することが重要である。子供の道徳性（人物）を評価するのであれば，日常の様子をよく観察したり，質問をしたりすることにより，子供の道徳性を評価するための多くの情報を収集する必要がある。なぜ多くかというと，1つや2つの言動や態度だけで判断することは正しい評価に結びつきにくいからである。

これに対して，「道徳科」における子供の学習状況や道徳性に係る成長の様子を見取るのであれば（教育評価），日常的に多くの資料を収集する必要はなくなる。なぜなら，日常生活における子供の道徳性は，「道徳科」によって培われたとは限らないからである。それは，「道徳教育」の成果かもしれないし，学級や学校の雰囲気によるものかもしれないし，家庭教育等によるものかもしれないからである。

つまり，「道徳科」における子供の学習状況や道徳性に係る成長の様子を評価するのであれば，「道徳科」の学習そのものの成果に目を向けなければならないのである。したがって，「道徳科」で指導していない事柄について評価することは教育評価としては正しくない。

これらを踏まえて，本書では「道徳科」の評価文を作成するに当たって次のことを押さえる。

・子供の道徳性を評価するのではなく，「道徳科」の学習によって，子供がもともと知っていたことではない新たなことを学んだか，学びが深まったかどうかを評価する。

・子供にとって分かりきったことではない「道徳科」のねらいを設定し，それに子供一人一人がどの程度迫れたかを「指導と評価の一体化」の視点で見取る。

このことをご理解いただくために本書では，有名な教材を多く取り上げて，「ねらいの設定」から「授業づくり」，「道徳ノートからの見取り」という手順に従って「評価文例」を作成した。

2018年3月　　　　　　　　　　　　　　　　　　　　　編著者　服部　敬一

も く じ

まえがき　2

第1章
授業と評価のポイント

1　道徳の学習と評価 ……………………………………………………… 8

2　「特別の教科　道徳」における評価の課題 ……………………… 8

3　ねらいの達成が評価の最も重要な基準 …………………………… 10

4　1時間で達成可能なねらいを立てるには ………………………… 11

5　学習の最後に「分かったこと」を問う意味 …………………… 12

第2章
授業と評価の実践事例と
道徳ノートの記述から見取る通知票文例集

うそやごまかしをせず，素直に伸び伸びと生活しよう …………… 14
　　　（低学年／正直，誠実【A−⑵】／金のおの）

わがままがいけない理由について考えよう …………………………… 20
　　　（低学年／節度，節制【A−⑶】／かぼちゃのつる）

過ちは素直に改め，正直で明るい心で生活しよう ………………… 26
　　　（中学年／正直，誠実【A−⑵】／新次のしょうぎ）

よく考えて行動し，節度ある生活をしよう ………………………… 32
　　　（中学年／節度，節制【A−⑶】／どんどん橋のできごと）

自由と責任の関係について考えよう 38
（高学年／善悪の判断，自律，自由と責任【A−⑴】／うばわれた自由）

誠実に生きる意味について考えよう 44
（高学年／正直，誠実【A−⑵】／手品師）

優しくしたくなる理由を考えよう 50
（低学年／親切，思いやり【B−⑹】／はしのうえのおおかみ）

友達と仲良くするよさについて考えよう 56
（低学年／友情，信頼【B−⑼】／およげないりすさん）

優しい言葉と態度について考えよう 62
（中学年／礼儀【B−⑻】／言葉のまほう）

よりよい友達関係を築くために必要なことを考えよう 68
（中学年／友情，信頼【B−⑼】／絵はがきと切手）

真の友情について考えよう 74
（高学年／友情，信頼【B−⑽】／ロレンゾの友だち）

相手を理解し，大切にしよう 80
（高学年／相互理解，寛容【B−⑾】／ブランコ乗りとピエロ）

みんなのものを大切に使うために考えよう 86
（低学年／規則の尊重【C−⑽】／きいろいベンチ）

順番ぬかしについて考えよう 92
（中学年／公正，公平，社会正義【C−⑿】／雨のバス停留所で）

家族で協力する意味や大切さについて考えよう 98
（中学年／家族愛，家庭生活の充実【C−⑭】／ブラッドレーのせい求書）

仲間はずれについて考えよう 104
（高学年／公正，公平，社会正義【C−⑬】／名前のない手紙）

もくじ　5

生きていることのすばらしさを考えよう ⋯⋯⋯⋯⋯⋯ 110

（低学年／生命の尊さ【D－⒄】／ハムスターのあかちゃん）

命を大切にするとはどういうことか考えよう ⋯⋯⋯⋯ 116

（中学年／生命の尊さ【D－⒅】／ヒキガエルとロバ）

よりよく生きる意味について考えよう ⋯⋯⋯⋯⋯⋯⋯ 122

（高学年／よりよく生きる喜び【D－㉒】／くもの糸）

第1章

授業と評価のポイント

■ 1 道徳の学習と評価

平成30年度から，小学校の「道徳の時間」が「特別の教科 道徳（道徳科）」として実施されることになり，学習指導要領の目標や内容が変更されるとともに，全ての子供に教科書が手渡される。同時に「特別の教科 道徳」において評価を実施することになる。今回の改訂は，昭和33年の道徳の時間の特設以来の我が国の道徳教育における大きな変革であり，学校現場だけでなく研究者たちの間でも大いに関心のあるところである。そこで本書では，特に道徳科の評価の在り方について考察し，その進め方を具体的に提案する。

さて，どのような教育活動であっても，そこに評価が伴うのは当然である。しかし，これまでの道徳の時間では，評価というものがほとんど行われてこなかったという現実がある。そこには，道徳の時間に育成すべき道徳的実践力が内面的資質であり，その内面にあるものを評価することが困難であると考えられてきたこと。仮に道徳性が身に付いていると思われる子供がいたとして，それが道徳の時間の成果なのか，それとも道徳教育の成果なのか家庭教育によるものか，あるいはその子が元々もっている性質によるものなのかが判別できないこと。さらに言うならば，道徳性は人格全体に関わるものであるため評価に対して慎重になるべきであることなど，道徳の時間の評価に関して，教師たちを消極的にする幾つもの要因があったからであると考える。

このように，子供の道徳性を評価することは難しい。もちろん心理学研究の成果として，道徳性の検査や道徳性の発達状況を知るための指標があるにはあるが，それらのテストによって示されるのは道徳性の一側面であり道徳性そのものではない。つまり，健康診断の数ある検査項目のうちの1つのようなものであって，それで子供の道徳性そのものを知ることはできない。

■ 2 「特別の教科 道徳」における評価の課題

新学習指導要領では，第3章 特別の教科 道徳の第3に「4 児童の学習状況や道徳性に係る成長の様子を継続的に把握し，指導に生かすよう努める必要がある。ただし，数値などによる評価は行わないものとする。」と示された。また，平成27年7月に出された「小学校学習指導要領解説 特別の教科 道徳編」では評価に当たって以下のことが示された。

○数値による評価ではなく，記述式であること。
○他の児童生徒との比較による相対評価ではなく，児童生徒がいかに成長したかを積極的に受け止め，励ます個人内評価として行うこと。
○他の児童生徒と比較して優劣を決めるような評価はなじまないことに留意する必要があること。
○個々の内容項目ごとではなく，大くくりなまとまりを踏まえた評価を行うこと。

また，指導要録の参考様式が示され，教師は指導要録や通知票に「特別の教科 道徳」に関する評価文を記述することになった。しかし，その評価欄に子供の何をどのように記述するか

については，多くの教師たちにとってまだまだ分かりにくく，関心の高いところである。

　そこで，指導要録や通知票の評価欄に記述すべき評価文（例文）を検討しながら具体的に考えることにする。以下の例文について検討する。

例文1　日頃から，誰にでもあたたかく接し，困っている友達には優しく声をかけることができています。

例文2　毎朝，元気に挨拶し，学校生活を楽しく過ごそうとする意欲が感じられます。

例文3　掃除当番に，いつも責任をもって丁寧に取り組んでいるので，Ａさんの掃除の後はいつもぴかぴかです。

　上記の３つの例文にはどれも子供の具体的な姿が書かれており，それを認め，励ます個人内評価のようであるが，残念ながら「特別の教科　道徳」の評価としては適切なものではないと考える。

　理由は，「特別の教科　道徳」の成果かどうかが分からないからである。例文１のあたたかい接し方や優しい声かけは，もしかするとあたたかな雰囲気の学級経営によるものかもしれないし，日々の教師の指導の成果かもしれない。あるいは，家庭教育によるものである可能性も十分に考えられる。さらに言うならば，その子供の元々の性質に起因するものかもしれない。例文２の子供が毎朝元気に挨拶をしていることはよく分かるし，例文３の子供が一生懸命に掃除をしている姿も目に浮かぶ。しかし，これらについても「特別の教科　道徳」における「学習状況及び道徳性に係る成長の様子」としてよいのだろうか。「特別の教科　道徳」の指導によってこのような姿が見られるようになったと言ってよいのか。もちろん，これらのことをできるようにする指導は，「特別の教科　道徳」でも行っているかもしれないが，学校では日々指導していることである。そして，日々の適切な指導の積み重ねこそが重要であることは教師ならばよく分かっていることである。

　では，「児童生徒の学習状況」を評価するのであれば次のような評価文はどうだろうか？

例文4　道徳科では，課題についてよく考え，進んで自分の考えを発表するとともに，友達の考えと比べたり，よいところを取り入れたりしていました。

　これも，道徳科の学習において，この子供が進んで学習に取り組んでいる姿が目に浮かぶ評価文である。しかし，文頭の「道徳科」の部分を「国語科」「社会科」などの他の教科に書き換えても意味が通ってしまう。つまり，学習におけるこのような子供の姿は何も道徳科だけが目指しているわけではなく，どの教科においてもこれまでから重視してきたものである。したがって，例文４は「特別の教科　道徳」独自の評価にはならない。また，これらは学習状況と言うよりも，むしろ学習態度と言うべきかもしれない。

第1章　授業と評価のポイント　9

■ 3 ねらいの達成が評価の最も重要な基準

　道徳の授業の良し悪しを決める基準は何か。研究授業などの後の討議会では，「多様な意見が出ていた」「友達の意見と自分の意見を比較して考えていた」「話し合いが活発だった」「授業の雰囲気がよかった」「子供の目が輝いていた」などの意見が出され，その授業がよかったかどうかの話し合いが進められることが少なくない。確かにこれらの意見の中には，授業や子供の学習の様子を評価しようという視点がある。しかし，道徳の授業の評価として十分なものと言えるだろうか。それらは主観的意見である上に，道徳の授業以外のどの授業にも当てはまる一般的な視点でしかない。つまり，道徳の授業を評価するための客観的で明確な観点が必要である。

　道徳の授業を評価するために，これだけは外してはならないものを1つだけ挙げるとするならば，それは「ねらいの達成」であると提案する。つまり，その授業で教師がねらいとしたものが，学習指導によって達成できたかどうか，指導と評価の一体化に立って子供の成長を把握しようということである。

　ところがこれまでの道徳の時間のねらいは，例えば「うそをついたりごまかしをしたりしないで，素直に伸び伸びと生活しようとする心情を育てる」や「相手のことを思いやり，進んで親切にしようとする態度を養う」のように，学習指導要領に示された内容に書かれている文章の末に「心情」「判断力」「態度」などの道徳性の様相を付けただけのものが多かった。このような抽象的なねらいは，それがどの程度達成できたのかを評価するための基準としては大き過ぎたと考える。[1]

　そのことについて，人々は「道徳性や道徳的実践力」は，1時間で育つようなものではなく，将来出会うであろう様々な場面，状況においても道徳的価値を実現するために適切な行為を主体的に選択し，実践することができるような内面的資質であり，道徳の時間に即効性を求めるべきではないと主張してきた。このことは，これまでの学習指導要領解説に「道徳的実践力とは，人間としてよりよく生きていく力であり，一人一人の児童が道徳的価値の自覚及び自己の生き方についての考えを深め，将来出会うであろう様々な場面，状況においても，道徳的価値を実現するための適切な行為を主体的に選択し，実践することができるような内面的資質を意味している。」と書かれてきたことと無関係ではないだろう。

　これらの主張に見られるような目標のとらえ方を「長期的な目標」と位置づけたブルームは，次のように述べている。

　「教育者も，短期的な目標と長期的な目標の間の関係を見失うことがある。このため，教師や校長の中には，彼らの「本当の」目標は，必ずしも明白ではない，確認できないものであって，生徒のどのような変化であるかという形では述べられないものだと主張する人もいる。また，すぐには明白ではないが，ずっと後になって，学校をおえて何年もたって現れるような或る態度，価値，技能を育成するものであるという主張もなされることがある。教師によっては，

自分達にわかっているのは目標の重要性だけであり，実際に生じる結果の形や方向などを教師が予知することはできないと主張されることがあるのである。このような考え方は，時によると“教える以上のことが習得される”という決まり文句に要約される場合もある。」[2]

　このブルームの主張は，これまでの道徳の時間の課題にぴったり当てはまると考える。

　では，道徳科において短期的な目標を設定することはできないのであろうか。私たち教師は道徳の授業をつくる際，ねらいの達成に向けて教材をどのように活用し，子供に何を学ばせるかを考えて授業の詳細を設計する。そうでなければ有意義な学習活動も，有効な発問もつくることはできない。つまり，その１時間で子供に何らかの有効な変容を起こさせることを目指しているはずである。もちろん，１時間での変容はほんの小さなものでしかないかもしれないが，それでも１時間の変容としては意味があると考える。ただし，子供の変容を把握するためには指導者が具体的で明確なねらいをもっていることが必要である。この点は，新学習指導要領解説（平成27年７月）にも，「児童の学習状況の把握と評価は，このように学習指導過程における指導と評価を一体的に捉えるようにすることが重要である。学習指導過程を評価するためには具体的な観点が必要である。確かな指導観を基に，明確な意図をもって指導や指導方法の計画を立て，学習指導過程で期待する児童の学習を具体的な姿で表したものが観点となる。こうした観点をもつことで，指導と評価の一体化が実現することになる。このように学習指導過程に関する評価の資料となるものは，児童の学習状況である。したがって，児童の学習状況を的確に把握することが重要であり，このことは授業改善とともに年間指導計画の改善，充実にもつながる。」と述べられている。

　つまり評価は，教師が確かな指導観に基づく明確な意図をもって指導や指導方法の計画を立て，学習指導過程で期待する子供の学習状況を具体的な姿で表した観点があってこそ可能になるのであり，子供の学習状況に係る成長の様子もその観点に沿って的確に把握しなければならない。そのことができれば，学習指導過程の評価にとどまらず，個々の子供の学習状況を明確で具体的な観点に沿って把握し，評価することも可能になる。

■ 4　１時間で達成可能なねらいを立てるには

　これまで述べてきたように，道徳科において授業のねらいや内容に照らして子供の評価を行うためには，まず，１時間で達成可能な具体的なねらいを立てる必要がある。つまり，抽象的な道徳的価値やそれを文章に表した内容項目をねらいとするのではなく，その授業で扱う資料の特質を生かした具体的なねらいを設定すべきである。つまり，内容項目は窓口ではあるが，そのままでは大き過ぎるため，１時間ごとのねらいを立てなければその達成状況は評価できない。このことは各教科でも同様である。各教科においても教科の目標や学年の目標・内容があるが，それをそのまま単元や１時間のねらいにすることはないはずである。

　また授業である以上，子供が授業前から分かっていることをねらいにするのではなく，子供

第1章　授業と評価のポイント　11

にとっての何らかの学びを想定してねらいを立てなければならない。つまり道徳科を1時間実施したからには，成果がわずかでも，子供に何らかの変化が起こらなければならないという考え方に立ち，起こるべき変化を具体的に表したねらいを立てるべきである。したがって，同じ内容項目であっても学年や資料が変わればねらいも変わらなければならないと考える。

▦ 5　学習の最後に「分かったこと」を問う意味

　これまでの道徳授業では，いわゆる「展開前段」と呼ばれる部分で資料を用いて学習を行い，「展開後段」で自分を振り返らせる活動が多かった。例えば，規則の大切さを扱った資料を読んだ後で教師が，「今日の学習を通してこれまでの自分自身を振り返ってみましょう」という具合である。このように問われると，子供は次のような振り返りをしがちである。

> 　私はこれまで，決まりを守れなかったことが時々ありましたが，今日の道徳の勉強で決まりが大切だということがよく分かりました。これからは，少しでも決まりを守るようにしたいと思います。

　このような振り返り文は，「展開前段」がなくては書くことができないのだろうか。そうは思えない。例えば「規則の大切さについて自分を振り返って書きましょう」と指示するだけでも，子供は同様の文を書くだろう。子供は，規則を守らなければならないことも，守れない場合があることも初めから知っているからである。したがって，子供がこのような振り返りをしたとしても，道徳的価値を本当に自分自身との関わりの中で深めているとは言えないし，子供の成長を確かめる資料にはならないと考える。

　そこで，学習の最後に子供一人一人に「今日の学習で分かったこと」を書かせることにした。その1時間で達成可能で具体的なねらいを設定し，そのねらいに向けて進める授業では，ねらいは内容項目や徳目ではなく，それを支える理由であったり，根拠であったりするため，子供が学習を通すことなく容易に教師のねらいを推察することはできない。したがって，子供が学習の最後に書いた「分かったこと」は，その時間の学習を通して子供自身が（分かった）と考えていることであり，（分かった）つもりのことである。もちろん，教師がそのことを教えてしまったり，誘導したりしたのでは子供自身が分かったことにはならないことは言うまでもない。あるいは，教師が「今日は○○について学習しました。分かりましたか？」と問えば，子供は「はい」と答えるだろう。しかしそれでは，その時間の学習が子供にとってどのように意味があったのか，あるいはなかったのかを見取ることはできない。

　このように，子供にとって分かりきったことではないねらいを設定し，それを追求する学習を通して，子供が書いた「今日の学習で分かったこと」を資料として評価文を作成すれば，道徳科の学習において子供自身が自分事として道徳的価値の理解をどのように深めたかという子供の学びや成長の様子を記述することが可能になる。　　　　　　　　　　　　　　（服部　敬一）

1）服部敬一は　「「道徳の時間」の「ねらい」を具体化する」（日本道徳基礎教育学会『道徳教育論集第2号』平成11年3月）で，ねらいの表現が一般的で，道徳性の諸様相の概念が明確でない点を指摘している。
2）Ｂ．Ｓ．ブルーム他・梶田叡一他訳（1973）『教育評価ハンドブック』p.28，第一法規

第**2**章

授業と評価の実践事例と
道徳ノートの記述から見取る
通知票文例集

| 低学年 | 正直，誠実【A −(2)】 |

うそやごまかしをせず，
素直に伸び伸びと生活しよう

📖 教材：金のおの 📖

■ ねらい

正直者に対してほめてやりたい，うそつきにはこらしめてやりたいと感じることに気付かせる。

■ ねらいから見た評価のポイント

正直やうそが相手をどのような気持ちにするかという点から正直にすることのよさについての理解の深まりを評価する。

■ 主題設定の理由

低学年の子供は，身近な人との関わりの中で，少なからずうそをついて失敗したことがあるだろう。また，うそでなくとも自分の都合のいいように考えたり話したりして，できるだけしかられないようにしようとするものである。そこには自分を守ろうとする考えが働くのだが，それを聞いている相手がどのように感じているかまでは考えが及んでいない。結果うそがばれたり，回りくどい言い方をしたりすることで相手により悪い印象を与えてしまう。このことから，うそが相手を不快にすること，正直が相手に好まれ尊敬されることに気付かせ，生活の中に生かせるようにしたい。

■ 授業づくりのポイント

うそや正直の善悪については分かりきったことなので木こりが正直に話したのはなぜか，となりの男がうそをついたのはなぜかについては深く取り上げない。それよりも神様がどのように感じるかに焦点をあてて，正直に話した木こりにはなぜ全てのおのを与えたのか，また，どうしてうそをついたとなりの男には元々持っていたおのすら返さなかったのかという点について考えさせ，正直やうそについての考えを深める。

■■ 学習指導過程

	学習活動	発問と予想される子供の心の動き	指導上の留意点
導入	○金，銀のイメージについて考える。	・（金・銀・銅メダルを見せながら）どれがよいかな。またそれはなぜかな？ ・金メダル ・1番になるともらえるから。	・お話の中に出てくる金が高価で，皆がほしがる価値のあるものであることを押さえておく。
展開	①教材を読む。 ②正直な木こりと，となりの男の気持ちの違いについて考える。 ③神様の2人に対する違いについて考える。	おのを落とした時，2人はどんな気持ちだっただろう。 木こり ・大切なおのだったのに。 　　　 ・失敗してしまった。 となりの男 ・私も金や銀のおのがほしい。 　　　　 ・神様出てこい。 正直な木こりに3つ全てのおのを与え，となり男におのを1つも与えなかったのはどう思ったからだろう。 ・失敗を認めたことが立派だと思ったから。 ・正直に話すのは偉いと感じたから。 ・うそをついて金・銀をほしがるとは悪いやつだと思ったから。 ・反省させるために取り上げよう。	・全文を通読する。 ・役割演技を取り入れ，2人が上げた声の内容を考えさせる，その時の気持ちを問うことで本心に気付かせる。 ・神様の行為の違いを押さえた上で，それについてどう思ったのかを引き出す。
終末	○道徳ノートを書く。	○今日の学習で分かったことを書こう。	・学習について振り返らせ，自分の学びを整理させる。

第2章　授業と評価の実践事例と道徳ノートの記述から見取る通知票文例集　15

■ 教材の概要

　木こりが池の近くで木を切っているとき，うっかりと大切なおのを池に落としてしまう。池から神様が現れ，木こりに問う。誠実に話した木こりは金や銀のおのをもらい，鉄のおのも返してもらう。これを聞いたとなりの男は欲を出して，神様にうそをつき金や銀のおのをもらおうとする。しかし不誠実なこの男には金や銀はおろか，元のおのすら返さず消えてしまう。

■ 授業の実際

〈学習活動②以降〉

　発問　おのを落とした時，2人はどんな声を上げてどんな気持ちだっただろう。

T　木こりは池におのを落とした時，どんな声を上げたでしょうか。

C　「あ！　しまった！」

T　その時の木こりはどんな気持ちだったでしょうか。

C　大事なおのなのに。

C　これじゃあ仕事ができない。どうしよう。

T　それに対してとなりの男はどんな声を上げたでしょうか。みんなの前でおのを落とすふりをして声を上げてもらいます（おのを用意して子供に演技させる）。

C　「あ〜！　しまった〜！」

T　本当にしまったと思っているかな。

C　（みんな首を横にふる）

T　では，この時のとなりの男はどんな気持ちだったでしょうか。

C　神様早く出てこい。

C　しめしめ。もう少しで金や銀のおのが手に入るぞ。

T　木こりととなりの男の気持ちに大きな違いがありますね。

　発問　では，そんな木こりやとなりの男に対して神様はまったく逆のことをした。木こりには全てのおのを与え，となりの男には1つもおのを与えなかった。神様はどう思ったからだろう。

T　（神様が2人に対してどう考えているかを見やすくするため，黒板の真ん中に線を引く）まず，木こりに対してはどう思ったのでしょうか。

C　正直者だから全部のおのをあげたい。

16

- T　正直に話すと全部おのをあげたくなるのはなぜ。
- C　立派だから。
- T　なるほど，立派だとおのを全部あげてもよい気持ちになるのですね。木こりはもらった金や銀，鉄のおのをどうすると思いますか。
- C　大事にすると思う。
- C　（みんなうなずく）
- T　では，となりの男についてはどう思ったでしょうか。
- C　うそをつくとはなんて悪い男だ。
- C　うそをつくものに金や銀のおのはあげたくない。
- T　うそをつくものに金や銀のおのをあげたくないのはどうしてですか。
- C　大事にしないから。
- C　売ってお金に換えて悪いことに使いそうだから。
- T　なるほど。だから神様は金や銀のおのを与えたくなかったのですね。では，元々持っていた鉄のおのを返さなかったのはどうしてでしょうか。
- C　悪い男だから困ったらいいと思ったから。
- T　神様は意地悪をしたかったのかな。
- C　（悩みながらも首をかしげる）
- T　となりの男を困らせてどうなってほしかったでしょうか。
- C　反省してほしかった。
- C　正直に生きてほしいと思った。
- T　（神様が２人に対して思ったことを赤・青で囲む）

  正直に話すと立派だと思ってもらえるが，うそをつくとよく思ってもらえないし反省させたくなることが分かりました。

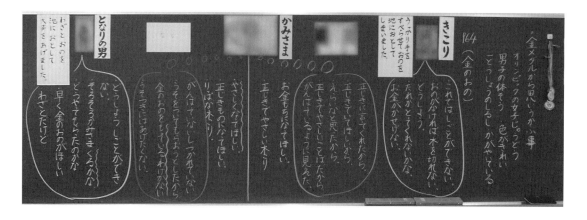

■ 道徳ノートの記述と評価文例

正直に話すことで相手に与える印象についての記述

今日の学しゅうで，しっぱいしても正じきに話した木こりは，かみさまにりっぱだと思ってもらえるということがわかりました。だいじにしていたおのもかえってきたし，そのうえ，かみさまが金やぎんのおのまでわたしたくなった気もちがわかりました。

「金のおの」の学習を通して，失敗しても正直に話すと聞いている人は立派だと感じることや，助けてあげたくなるということが分かりました。

たとえ失敗したとしても正直に話すことで，相手には誠実さが伝わり立派だと感じてもらえるということに気付いたと評価した。

うそをつくことで相手に与える印象についての記述

今日の学しゅうでわかったことは，わざとおのを池におとしてかみさまに金やぎんのおのをもらおうとしても，もちろんもらうことはできないし，そのうえ，持っていたおのまでかえさず，はんせいさせたくなる気もちがわかりました。

「金のおの」の学習を通して，うそをつくとそれを聞いている人には悪い印象を与えるとともに，うそをついたことを反省させたくなるということが分かりました。

うそをつくことで相手には悪印象を与えるだけでなく，こらしめて反省させたくなるという気持ちになるということに気付いたと評価した。

相手の気持ちになって考えている記述

今日のどうとくで，かみさまの気もちになって考えると正じきものは，なんだか気もちがよい感じがしました。はんたいにうそをつかれたらはらが立つし，よい気もちはもてませんでした。だから自分が話すばめんがあれば正じきに話そうと思います。

「金のおの」の学習を通して正直者にはよい気持ちがもて，うそをつくものは腹立たしくよい気持ちがもてないという2つのことを比べながら考えました。また，自分の生活に生かそうという考えをもつことができました。

Point

正直とうそが相手に与える印象を比べながら考えている。なぜ正直がよいのか，なぜうそつきがよくないのかという理由をはっきりさせてから自分の生活に生かそうとする姿勢を評価した。

うそつきを反省させたくなるという記述

今日のどうとくで，かみさまがとなりの男にもとのおのをかえさなかったりゆうがわかりました。うそをつかれてはらが立ったからいじわるをしようしたのではなくて，はんせいしてこれからは正じきに生きてほしいと思ったからだとわかりました。

「金のおの」の学習を通して，神様がとなりの男に，もとのおのを返さなかったのは腹が立ったからではなく，こらしめて反省させることで今後は正直に生きることを願ったからだということが理解できました。

Point

うそをつかれると腹が立つという単純な考えだけでなく，そこから反省させたくなる気持ちが生まれるということに気が付いたことを評価した。

（入江　詩郎）

| 低学年 | 節度，節制【A −⑶】 |

わがままがいけない理由について考えよう

📖 教材：かぼちゃのつる 📖

■ ねらい

人の言うことを聞かずに自分勝手なことばかりしていると，失敗しても誰もかわいそうだと思ってくれないことを理解させる。

■ ねらいから見た評価のポイント

自分勝手なことをしていると誰も同情してくれなくなることから，快適な毎日を送るためには，他の人の気配りや思いやりを素直に受け止めることが大切なのだということへの理解の深まりを評価する。

■ 主題設定の理由

自分自身の考えで伸び伸びと生活することはとても気持ちのよいことである。しかし，人間１人で生きているわけではないので，自分の行動により，他者に不快な思いをさせたり，迷惑をかけたりすることが出てくる。その際は，他者の気遣いや思いやりを素直に受け止め，自分自身よく考えて，自分勝手な行動を慎むことが大切になってくる。このように，快適な生活とは自分自身だけでなく，相手も快適に過ごすことができてこそ成り立つのである。だからこそ，一人よがりの考えではなく，周囲の気配りや思いやりを素直に受け止め，よく考えて行動することが，快適な生活を送る上で大切なことを理解させたい。

■ 授業づくりのポイント

この教材の場合，車につるをひかれて涙をこぼしたときのかぼちゃの気持ちを考えさせることが多い。しかし，その場合，痛い思いをしたくなければわがままにしてはいけませんという他罰的な考えを強調することになる。わがままがいけないことを子供たちは知っている。そこで，本時では，自分勝手な行動がなぜいけないのかという理由を考えさせたい。周りの人の気配りや思いやりを受け止めないと，周りの人々は誰も同情してくれず，悪い結果が出たときには，当然のことだと判断されてしまうことにまで気付かせたい。その上で，どんなことに気を付ければよかったのかを考えさせたい。

▓▓ 学習指導過程

	学習活動	発問と予想される子供の心の動き	指導上の留意点
導入	○本時の課題を知る。	・わがままはなぜいけないのだろう。 　・自分が嫌われるから。 　・みんなが困るから。	・自分勝手に対する現時点の考えを確かめ，価値への導入を図る。
展開	①教材を読む。 ②かぼちゃが注意を聞いてくれなかったときのちょうちょたちの考えについて考える。	 いくら注意しても，かぼちゃが聞いてくれなかったとき，ちょうちょたちはどんなことを考えていただろう。 ・ルールを守ってほしい。 ・周りのことを考えてほしい。 ・迷惑だ。 ・危ない。 ・かぼちゃのためなのに。	・教師が範読する。 ・周りの人々が何のためにかぼちゃを注意しているのかということに気付かせ，日常生活における行動がいかに周りに影響を及ぼすのかを考えさせることで，ちょうちょたちの思いを確認させる。
展開	③注意を受けたかぼちゃが，どうしてそれを聞き入れることができなかったのかを考える。	ちょうちょたちに注意を受けた時，かぼちゃはどんなことを考えていただろう。 ・どこに伸びようとぼくの勝手だろう。 ・いちいちうるさいな。 ・伸びようとしているのにどうして邪魔をする。 ・自分が何とかしろよ。	・かぼちゃ自身は，伸びてかぼちゃを大きくすることはよいことだと考え，周りのことを全く考えていないことを押さえる。
展開	④周りの配慮や思いやりを受けないと周りのものたちはどんなことを考えるのかを考える。	かぼちゃのつるが切れて泣いている時，みんなはどんなことを考えていただろう。 ・せっかくかぼちゃのために言ってあげたのに。 ・そうなるのは当たり前だ。 ・やっぱり人の注意をきちんと聞いておけばよかった。 ・そうならないように，これからも悪いことを注意してあげよう。	・たくさんの人が注意したのにもかかわらず，言うことを聞かなかったかぼちゃを見たみんなの考えを考えさせることにより，ねらいの方向への理解を深める。
終末	○道徳ノートを書く。	○今日の学習で分かったことを書こう。	・自分勝手がなぜいけないのか，その理由について本時の学習で学んだことを整理させる。

第2章　授業と評価の実践事例と道徳ノートの記述から見取る通知票文例集　21

教材の概要

かぼちゃのつるは，自分の畑の外へとぐんぐんつるを伸ばし，道を越え，すいかの畑にまで入り込んでいく。その途中，みつばち，ちょうちょ，すいか，こいぬに注意されるが，聞き入れずに伸びていく。しかし，最後には車にひかれ，つるが切れてしまい涙をこぼして泣く。

授業の実際

〈学習活動②以降〉

発問 いくら注意しても，かぼちゃが聞いてくれなかったとき，ちょうちょたちはどんなことを考えていただろう。

C 畑でないところまでつるを伸ばして，ルールを守ってほしい。

C 自分の畑でならどんなに伸びていても誰にも迷惑かけないのに。

C （すいかは）自分の畑にまで入られて，つるの上にのられてとっても迷惑しているんだ。

C どうしてかぼちゃのために，ぼくがまたいで通らなくてはいけないんだ。

C 道の上に伸びたのでは危ないよ。

T 今出たことは，誰のために言ってあげたことなのでしょう。

C かぼちゃのため。

C かぼちゃがちゃんとしないとみんなが困るからみんなのためでもある。

T 誰かが自分勝手なことをすると自分だけでなくて他のみんなも困ることになるんだね。
では，かぼちゃはその時どんなことを考えていたのでしょう。

発問 ちょうちょたちに注意を受けた時，かぼちゃはどんなことを考えていただろう。

C どこに伸びようとぼくの勝手だろう。

C 自分のつるを伸ばそうとしているのに，どうしていちいち人の言うことを聞かないといけないんだ。

C いちいちうるさいな。

C 少しぐらいはみ出したとしても小さいことをぐだぐだ言うなよ。

C あなたが困ってもぼくは困らない。それぐらい自分で何とかしろよ。

T かぼちゃはどうしてこんなふうに考えているんだろう。

C つるを伸ばすのは自分の自由だ。

C 好きなことを好きなようにやっているだけだ。

C ぼくのことに構わないで。
C 周りのことが見えてない。
C 自分のことしか考えてない。
T かぼちゃは自分のことしか考えていないのに，周りのみんなはかぼちゃのことを考えてあげていたんだよね。最後，そのかぼちゃのことをみんなはどう見ているだろう。

発問 かぼちゃのつるが切れて泣いている時，みんなはどんなことを考えていただろう。

C せっかく，かぼちゃのために言ってあげたのに，しかたないなあ。
C あんだけ言ってあげたのに聞かないんだからこうなるのは当たり前だ。
C 自分のことだけ考えているからこうなったんだ。
C 自分勝手過ぎるよ。
C やり過ぎだよ。
C もっとよく考えていればよかったのに。
C みんなの言うことをちゃんと聞かないと，誰も助けてくれなくなっちゃうんだなあ。
T みんなはかぼちゃのことだけを考えていたかな。
C やっぱり人の注意はきちんと聞かないといけないんだなあ。
C 自分が正しいと思うと，注意を聞かなくなってしまうから気を付けないといけないな。
C かぼちゃさんのようにならないように，これからもきちんと注意してあげたいな。
C 後のことを考えて行動できるようになりたいな。
C みんなのことも考えてできるようになりたいな。

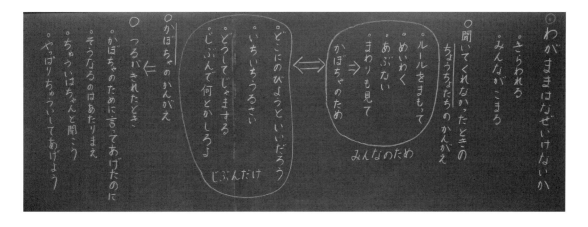

道徳ノートの記述と評価文例

人の注意を素直に聞き，わがままをしないで生きるよさに関する記述

わがままばかり言うと，しっぱいしたときに，だれもかわいそうだとおもわないんだなあということがわかりました。じぶんのためにちゅういしてくれるのに，それを聞かないと，じぶんだけでなくまわりの人のめいわくになることもわかりました。これからはちゅういをすなおに聞いて，わがままになしないようにしたいとおもいます。

評価文例

「かぼちゃのつる」の学習を通して，人の注意を聞かないと，失敗したときに，誰もかわいそうだと思ってくれなくなってしまうことに気付き，人の注意を素直に聞くことが自分勝手な行動をしないことにつながることを理解することができました。

Point

人の注意は自分のためであり，それを聞かないとみんなからそっぽを向かれ，信頼を失い，周りに迷惑をかける自分勝手な行動につながるので，注意を素直に聞いてわがままをしないようにしようとする考えに気付いたと評価した。

わがままがいけない理由についての記述

きょう気づいたことは，わがままはどうしていけないのかということです。みんなは，あいてをおもってちゅういしてくれます。でも，それを聞かないのはわがままだとおもいます。ちゅういを聞かないからしっぱいしちゃいます。わがままは自分のことしか考えないからいけないとおもいます。まわりの人たちもいやだとおもいます。

「かぼちゃのつる」の学習では，わがままがいけない理由の1つとして，わがままなことをしていると自分のことだけを考えて，周りの人たちの気遣いや思いやりも分からなくなり，その結果失敗してしまったら，周りの人たちからはそれは当然なことだと見られてしまうことに気付きました。

わがままは，周りの人々に迷惑になるからいけないことだということにとどまらず，周りの人々からの思いやりや気遣いにも気付かなくなり，失敗したときにも当然と思われてしまうということまで考えることができたことを評価した。

登場人物に自我関与している記述

　かぼちゃさんは，のびのびとつるをのばしていたとき，とても気もちがよかったとおもいます。でも，いくら気もちがいいからといってみんなの言うことを聞かなかったのはいけなかったとおもいます。ちゅういしてくれた人から見れば，せっかくちゅういしてあげたのにという気もちになってしまうことがわかりました。かぼちゃさんも次はみんなの話を聞けるとよいとおもいます。

　「かぼちゃのつる」の学習では，かぼちゃの気持ちになって，わがままがなぜいけないかを考えることができました。また，注意をした人の立場に立って考えることにより，周りの人の思いやりにも気付き，わがままにならないためには，周りの人の話を聞く大切さにも気付きました。

　登場人物に自我関与し，その気持ちや考えによりそう形でわがままがいけない理由について考え，その先まで言及することにより，自分の生き方の参考にしようとしている点について評価した。

注意を素直に受け止める大切さについての記述

　ちょうちょさんたちはすごいなあとおもいました。それは，かぼちゃがしているわるいことをちゅういしたからです。かぼちゃをよくしてあげたいと考えていたのだとおもいます。かぼちゃはじぶんのことしか考えていないからそのことに気づかなかったとおもいます。わがままにならないためには，ちょうちょさんたちのようにみんなのことも考えないといけないのだということがわかりました。

　「かぼちゃのつる」の学習を通して，ちょうちょたちがかぼちゃのことをよくしてあげたいと考えていることに気付き，わがままにならないためには，みんなのことも考えることが大切なのだということが分かりました。

　かぼちゃのことをよくしたいと考えているちょうちょたちの考えを積極的に受け止め，注意を素直に聞くことの大切さを理解したことを評価した。

（櫻井　宏尚）

| 中学年 | 正直，誠実【A-⑵】 |

過ちは素直に改め，
正直で明るい心で生活しよう

📖 教材：新次のしょうぎ 📖

ねらい

　不正をしてゲームに勝ったとしても，そのうれしさは正々堂々と勝ったときと比べれば，ずいぶんと小さくなる。それどころか楽しくなくなる場合さえあることを理解させる。

ねらいから見た評価のポイント

　不正をして勝つことより正々堂々と勝った方がうれしいことに気付くとともに，不正をすることで後ろめたさや罪悪感をもち，好きなことも楽しくなくなるという方向での理解の深まりを評価する。

主題設定の理由

　本時で取り上げる道徳的価値は，正直で誠実に過ごすからこそ，明るい生活が実現できるということである。例えば，うそをついたり，ごまかしたりしないことも含めて自分自身に正直であることの快適さである。では，自分自身に正直であるとはどういうことか，それはうそがばれたら「怒られる」とか，「笑われる」とかではなく，自分自身の問題としてとらえることである。子供たちに限らず，絶対にばれない，誰にも迷惑をかけないようなうそについては大人でさえなかなか正直になれないものである。そこで，子供たちにも分かりやすいゲームの中での不正を取り上げ，不正をして勝ったときのすっきりしない気持ちを通して，正直であることの快適さ，不正をしないことの価値について自覚させたい。また，不正をして勝ったとしてもそれを心から喜ぶことができないという人間のもつ善さにも気付かせたい。

授業づくりのポイント

　不正をしてはいけないということは，子供たちも理解していることである。そこで，本時は，将棋を打ちに行くときと帰るときの気持ちの違いや，不正を行うまでの新次の葛藤について役割演技を通して考える。さらに，不正はしたが将棋には勝ったのに，新次がうれしくないことについて議論させ，正直であることの大切さについての考えを深める。

学習指導過程

	学習活動	発問と予想される子供の心の動き	指導上の留意点
導入	○本時の課題を知る。	・ゲームが楽しいのはどんな時だろう。今日は, そのことを考えよう。	・子供たちが好きなゲームの話題から学習に入る。
展開	①教材を読む。		・全文を通読する。
	②将棋を打つためにおかし屋へ行く新次の気持ちを考える。	新次が, 将棋をするためにおかし屋まで行くときは, どんな気持ちだっただろう。 ・早く将棋がしたい。 ・伊三郎おじさんに勝つぞ。 ・楽しみだなぁ。	・将棋をするために, 雨の中わざわざおかし屋まで行くときの新次のわくわくした気持ちをとらえさせる。(役割演技)
	③新次の心に, ふと悪魔の影がさしたときの新次の気持ちについて考える。	新次の心に, ふと悪魔の影がさしたときの新次の心の中を考えよう。 ・おじさんがいない間に駒を動かしちゃえ。 ・勝つチャンスだ。	・子供が悪魔役になり, 新次に不正をけしかけることで不正をしようとする人間の弱さを引き出す。(役割演技)
	④佐平おじさんと将棋をしているときの新次の気持ちを考える。	佐平おじさんと将棋をしている新次は楽しくないようだが, どうしてだろう。 ・ずるがばれたらどうしよう。 ・ずるがばれていないか気になる。	・佐平おじさんと将棋をしながらも, 自分の不正が気になり, 楽しくない新次をとらえさせる。
	⑤雨の中を帰る新次の気持ちを考える。	雨の中を帰りながら, 新次はどんなことを思っていただろう。 ・あんなことしなければよかった。 ・ずるいことをしてしまった。 新次がずるをしたことは誰にもばれていないのに, 新次はなぜ泣いているのだろうか。 ・自分の力で勝っていないから。 ・もやもやして, うれしくない。	・新次を暗い気持ちにした理由を考えさせる。 ・将棋を打ちに行くときの気持ちと比較させることで, より深く考えさせる。(役割演技) ・不正したことがばれていないのに, 涙を流す新次を通して, 不正をして勝っても心から喜べない人間の善さに気付かせる。
終末	○道徳ノートを書く。	○今日の学習で分かったことを書こう。	・学習について振り返らせ, 自分の学びを整理させる。

■ 教材の概要

主人公の新次がおかし屋の伊三郎おじさんと将棋をしているときに，おじさんがいないすき
に将棋の駒を動かすという不正をする。その結果，新次は勝負には勝つが，うれしいどころか
悲しい気持ちになり，涙を流すことになる。

■ 授業の実際

〈学習活動③以降〉

発問 伊三郎おじさんがいないときに，新次の心に現れた悪魔の影は新次に何とささやい
ただろう。
（役割演技　子供1名C1に新次役，その他全員に悪魔役をさせる）

C　おじさんがいないすきに動かしちゃえ。

C　勝つチャンスだ。

C　今なら誰にもばれないからやっちゃえ。　　など
（半数の子供が終えた時点で）

T　（新次役の子供に対し）今どんな気持ちになってきた？

C1　少しずるをしてもいいかなぁって思ってきた。

T　悪魔のみなさん，まだ新次は少ししかずるをしようと思っていないよ。

C　このままだと負けちゃうかもしれないよ。

C　好きな将棋で負けてもいいの？　ばれやしないよ。　　など

T　新次君，どんな気持ちになった？

C1　ずるをしちゃえって思った。

〈学習活動⑤以降〉

発問 雨の中を帰りながら，新次はどんなことを思っていただろう。
（役割演技　子供に傘を持たせ，雨の中を帰る新次の演技をさせる）

C　今日の将棋，全然楽しくなかったな。

C　あんなことしなければよかった。勝っても全然うれしくない。

T　演技してくれた人たちはどんな気持ちを言っていたかな？

C　楽しくなかった。

C　うれしくない。

T 大好きな将棋をしたのに，なんで楽しくなかったり，うれしくなかったりしたのだろう。
C 桂馬を動かしてしまった。
C ずるいことをしてしまった。
T でも，ずるをしちゃえって思ったのですよね。
　今，新次はどんな気持ちなんでしょう。
C あんなことしなければよかった。
T あんなことって，どんなこと？
C ずる。
C 不正。
T では，新次がずるをしたことは誰かにばれていたのかな？
C ばれていない。
T で，伊三郎おじさんとの勝負はどうなったの？
C 勝った。

> **発問** 新次がずるをしたことは誰にもばれていないのに，新次はなぜ泣いているのだろうか。

C 勝ったけど，もやもやする。
C すっきりしない。
T 大好きな将棋で，伊三郎おじさんに勝ったのに？
C 自分の力で勝っていないから，うれしくない。
C 大好きな将棋でずるをしてしまったから，後悔している。
C 正々堂々として負けた方がマシだ。

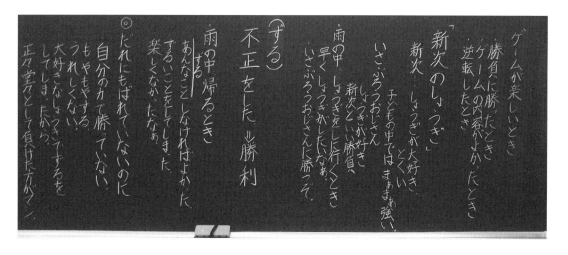

道徳ノートの記述と評価文例

正々堂々と生きる善さに関する記述

　今日の学習で，ずるをして勝っても，正々どうどうと勝ったときと比べると全然うれしくないということがわかりました。新次のように，勝ったのにずっと気になって，好きなしょうぎを楽しめないなら，正々どうどうとして負けた方が，次は勝つぞとがんばれると思います。

　「新次のしょうぎ」の学習を通して，好きな将棋でも不正をして勝つことで素直に喜ぶことができず，正々堂々と勝負した方がいいということに気付きました。

　不正を行うことで，そのことが気になり，勝っても素直に喜ぶことができないことに気付くことができた。そして，ずるをして勝ったときと正々堂々として負けたときの気持ちを比較し，正々堂々と生きる方がよいことに気付いたと評価した。

ずるをしたことが心に残ることについての記述

　今日の学習で思ったことは，相手がいない間にずるをしたら，その後ずっとずるをしたことを相手にばれていないか気になってしまって，好きなことをしていても楽しくなくなることがわかりました。たぶん新次は反省しただろうけど，ずるさえしなければもっと楽しめたと思います。

　「新次のしょうぎ」の学習を通して，不正をして勝っても，不正をしたことがずっと気になって心に残り，好きなことでも楽しめないということが分かりました。

　不正をした後の佐平おじさんと将棋をする時や傘をさして涙を流しながら帰る時の新次の気持ちから，不正をしたらそのことが気になり，大好きなことであっても楽しくなくなることに気付いたと評価した。

相手に対して申し訳ないという記述

子供のノート

　今日の道徳で，ずるをしてはいけないことがわかりました。ずるをしたから，新次は帰りに雨の中，伊三郎おじさんに悪いことをしたと，なみだを流したんだと思います。ぼくだったら，ずるをせず自分の力で負けた方がいいと思いました。

評価文例

　「新次のしょうぎ」の学習を通して，ずるをすると後で相手に悪いことをしてしまったと後悔し，たとえ勝ってもうれしくないことから，正々堂々と勝負することの大切さに気付きました。

Point

　ずるをしてはいけないことは，学習以前から知っていることである。そこで，この子供が考えた帰りの新次の涙から，それは伊三郎おじさんに悪いことをしたという気持ちからだと感じ，正々堂々と勝負することの大切さに気付けたと評価した。

ずるがばれていないのにという記述

子供のノート

　今日の学習で，ずるをしたことがばれていなくても，いつかばれるのでは，と気になって好きなことも楽しめない，それどころか早く帰りたい気持ちになるんだと思った。ぼくもあくまのかげのようなことを思うことがあるけど，あくまに負けず，負けてもいいから正々どうどうとやろうと思いました。

評価文例

　「新次のしょうぎ」の学習を通して，ずるをしてしまうと，ずるがばれていなくても好きなことを楽しむことができなくなり，その場から逃げたくなることもあるということに気付きました。

Point

　ずるがばれている，いないに関わらず，大好きなことからも逃げたくなるほど楽しくなくなることに気付き，伊三郎おじさんの再戦を断る様子から，逃げ出したい気持ちにも気付くことができたと評価した。

（大野　雅彦）

| 中学年 | 節度，節制【A−⑶】 |

よく考えて行動し，節度ある生活をしよう

📖 教材：どんどん橋のできごと 📖

■ ねらい

　自分でよく考えないで，友達の意見や考えに流されて行動すると，自分が一番悔しい思いをすることに気付かせる。

■ ねらいから見た評価のポイント

　周りの意見に流されないで，自分がどうすべきかよく考えて行動することが，自分が後悔しない節度ある生活につながるという方向での理解の深まりを評価する。

■ 主題設定の理由

　進んで自分の生活を見直し，自分の置かれた状況について深く考えながら自らを節制し，ほどよい生活をしていくことが大切である。しかし，時に私たちは，人の意見に流されてしてはいけないことをしてしまうことや，周りの人の反応が気になってよく考えないで衝動的に行動してしまうことがある。そのような場合，何事もなく事が運べば振り返ることはあまりないが，特に，失敗すると自分の過ちを振り返って反省するだけでなく，自分のとった行動までを後悔することが多い。このようなことから，よく考えないで行動したことが事なきを得たからよいのではなく，してよいことやしてはいけないことについて，自分でよく考えて行動していくことがよりよい生活につながっていくことを理解させたい。

■ 授業づくりのポイント

　川に入れた傘が壊れて涙を浮かべる主人公の様子から，「よく考えないで行動すれば，失敗をして後悔する」というねらいで授業が行われがちだが，その展開では「傘が壊れたからやめておけばよかった」という結論に至り，道徳的価値の理解が浅くなる。そこで本時は，（よし，やってみせるぞ）と覚悟を決めた主人公は，本当は傘をうずに入れることに消極的であったことに着目させる。そして，傘を入れたくなかった主人公が傘を入れた本当の理由を考えた上で，最後の場面の涙が本当はしたくなかったのに，友達に流された自分への後悔であることを分からせ，よく考えて節度ある生活をすることについての意味を深める。

⬛ 学習指導過程

	学習活動	発問と予想される子供の心の動き	指導上の留意点
導入	○本時の課題を知る。	・「○○が言ったから。」について，どう思うか。今日は，そのことを考えよう。	・導入なのであまり時間をとらない。
展開	①教材を読む。		・全文を通読する。
	②まこと君に対して，みんながやめるように言っている理由を考える。	まこと君に対して，みんながやめようと言っているとき，ぼくはどんなことを思っていたか。 ・もし傘が壊れたら大変だ。 ・きっと，傘が壊れるよ。 ・傘が壊れたらしかられるよ。	・まこと君以外の子は，「やめなよ。」と言っていることを押さえる。
	③正くんが断ったときのぼくの気持ちを考える。	正くんが，「ぼくはいやだ。」と断ったのを聞いて，ぼくはどんなことを思ったか。 ・壊れるかもしれないから，断った方がいい。 ・正くんは断ったから賢いな。 ・もし誘われたら，ぼくも断ろう。	・この時点では，ぼくも正くんと同じように断ろうと思っていたことを押さえる。
	④ぼくが傘を入れた本当の理由を考える。	ぼくが傘を入れた本当の理由は何か。 ・傘が壊れるかもしれないから入れたくない。 ・傘を入れないと，みんなに責められる。 ・自分が傘を入れないとばかにされる。 ・まこと君も入れたから，多分大丈夫だ。	・傘を入れるか入れないか迷ったぼくだが，友達の言動に左右されて傘を入れることを決めたことを押さえる。
	⑤ボロボロになった傘を見て，涙をためた理由を考える。	ボロボロになった傘を見たぼくが涙をためた理由は何か。何に対する涙か。 ・友達に何を言われても，傘を入れなければよかった。 ・やらない方がよいと分かっていたのに，傘を入れて壊してしまい自分を責めている。 ・友達に勇気がないと言われたくないから，しかたなく傘を入れてしまった。	・よくないと分かっていたにも関わらず，友達の言動に流されてしまって傘を入れて壊してしまったぼくの気持ちを考え，ねらいの方向への理解を深める。
終末	○道徳ノートを書く。	○今日の学習で分かったことを書こう。	・学習について振り返らせ，自分の学びを整理させる。

■ 教材の概要

　降り続いた雨が上がったある日，学校から帰り道のどんどん橋では川がうずをつくっていた。そのうずの中に棒切れや草を流し込んで橋の反対側から浮き上がらせて遊んだが，やがて傘を入れることになった。まこと君が入れた傘は浮き上がってきたが，ぼくは迷いながらも傘を川に入れる。しかし，橋の反対側から出た傘をすくい上げると，骨がボロボロになっていた。

■ 授業の実際

〈学習活動③以降〉

> **発問**　正くんが，「ぼくはいやだ。」と断ったのを聞いて，ぼくはどんなことを思ったか。

C　急に言われてもすぐには傘を入れられない。

T　どうして，すぐには入れられないのでしょうか。傘を入れてしまえばいいのではないでしょうか。

C　自分の傘が壊れてしまったら嫌になるから，入れたくないと思っている。でも，すみおくんが言ったように，「勇気がない。」と思われたくないと思っているから迷っている。

T　ぼくが迷っていると思う人は，ほかにどんなことを思っていたのでしょうか。

C　自分だったらどうしようかと思っている。

C　傘を入れて壊れると大変だ。

C　自分の傘だから，人から誘われてもしたくないけれど，どうしよう。

T　では，正くんが断ったのを見て，ぼくはどんなことを思ったでしょう。

C　正くんも断ったから，ぼくもやめよう。

C　傘を入れない方がいい。

T　入れるか入れないかについて，最初ぼくは入れない方がいいと思っているんですね。

C　（多数，うなずく）

T　でも，この時点で，ぼくは，傘を入れるか入れないでおこうか，迷っていたんですね。

> **発問**　ぼくが傘を入れた本当の理由は何か。

C　正くんのように「勇気がないんだなあ。」と言われたくないから。

C　周りの人に何かを言われたくないから，言われる前に入れたかったから。

T　最初，まことくんが入れましたね。このことからぼくは何かを考えていませんでしたか。

C　まこと君が傘を入れたので，ぼくも入れても大丈夫と思った。

- C　まこと君が入れても大丈夫だったから，少し安心して入れることができると思った。
- C　傘は多分壊れないだろうと思っていた。
- C　まこと君が入れてかっこよかった。ぼくもかっこいいと思われたい。

> **発問**　ボロボロになった傘を見たぼくが涙をためた理由は何か。何に対する涙か。

- C　自分だけボロボロになったから悔しくて涙をためた。本当は泣きたいが，みんなから弱いと思われたくない。
- C　傘を入れてボロボロになったから後悔している。
- T　何を後悔しているのですか？
- C　傘を川に入れたことを後悔している。
- C　自分の傘が壊れたことを後悔している。
- T　では，傘が壊れなかったら泣いていましたか？
- C　（口々に）泣かなかった。
- T　もし，傘が壊れなかったら後悔しなかったでしょうか？（しばらく待つ）
- C　後悔していた。　C　後悔しなかった。
- T　最初，まこと君が「傘を入れよう。」と言った時「やめなよ。」と言っていたんですね。傘が壊れなかったから，よかったんですか？
- C　傘が壊れなくても，少し後悔していると思う。
- T　どうしてですか？　もう少し詳しく説明してみましょう。
- C　最初は，傘を入れない方がいいと思っていたから，入れない方がよかったと思っている。でも，みんなから何か言われないかと迷って，結局，ぼくは，本当は入れたくないのに傘を入れてしまった。
- C　友達に「勇気がない。」と言われたくなかったから傘を入れた。友達に何を言われようとも，正しい判断をするべきだった。
- C　傘が壊れなくても，傘を入れていいかどうかをよく考えないといけない。

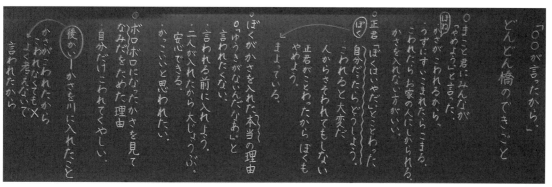

道徳ノートの記述と評価文例

自分でよく考えて行動する大切さに関する記述

いつもは，○○が言ったからを言いわけなどにしていたけれど，それは自分がよく考えていないから起こった出来事だったということがわかりました。いろいろな人に流されてしまうけれど，よく考えてみないといけないことがわかりました。

評価文例

「どんどん橋のできごと」の学習を通して，言い訳をすることは自分がよく考えていなかったからだということであり，他人の意見に流されないでよく考え行動する大切さを理解することができました。

Point

周りの人の意見に左右されてしまう自分自身を振り返ると，他人の意見に左右されていると言い訳をしてしまうことがあることに気付いた。これからは，他人の意見に左右されずに自分でよく考え行動することの大切さに気付いたと評価した。

物事がどうなるのかを考えて行動するよさに関する記述

はじめから物事の後のことを考えてから行動する大切さがわかりました。また，いくら友だちにさそわれたからと言っても，川にかさを流すことはよくないことだから，かさがこわれるということだけでやめておいた方がよいということにはならないことがわかりました。

「どんどん橋のできごと」の学習を通して，傘が壊れたからやめておいた方がよかったのではなくて，物事の善悪をよく考えて行動する大切さを理解することができました。

たとえ，友達に誘われたとしても，自分で善悪を判断して，してはいけないと考えたことはしてはいけないことに気付いたことを評価した。

他人の意見に流されて行動すると，後悔してしまうという記述

　してはいけないことやしたくないことは，周りの人から「勇気がないなあ。」と言われても，しない方がよいということがわかりました。なぜなら，考えないでしてしまうと，後かいしてしまうので，後かいしないように自分でよく考えるとよいからです。

　「どんどん橋のできごと」の学習を通して，自分でよく考えないで行動すると失敗した時に後悔することに気付きました。周りの人の意見に流されるのではなく，自分でよく考えることが大切だと分かりました。

Point

　自分で物事の善悪の判断をする大切さから，たとえ周りの人に誘われたとしても，よく考えないで行動して失敗すると後悔してしまうと気付いたことを評価した。

他人の意見に流されて行動すると，後悔することが増えるという記述

　人に少し言われたくらいで自分がしてはいけないと思ったことはしてはいけないことがわかりました。この話のぼくは，自分が川にかさを入れてしまったこととかさがこわれてしまったことの2つの物事について後かいしていることもわかりました。

　「どんどん橋のできごと」の学習を通して，他人に言われて行動して失敗すると，失敗してしまった後悔と，自分がしたくないと思ったことをしてしまった後悔があることが分かりました。

Point

　他人から言われて十分に考えないで行動して失敗すると，失敗したことに関する後悔だけでなく，どうしてその行動をしたのかという自責の念についての後悔があることにも気付いたことを評価した。

（寺西　克倫）

| 高学年 | 善悪の判断，自律，自由と責任【A−(1)】 |

自由と責任の関係について考えよう

📖 教材：うばわれた自由 📖

■ ねらい

　責任の重さは立場によって異なり，地位が高いほど，自由度が増すほど，権限が増すほど，責任も重くなることを理解させる。

■ ねらいから見た評価のポイント

　自由度の大きさと責任の重さには関係があることへの理解を通して，自由には責任が伴うことについての理解が深まったことを評価する。

■ 主題設定の理由

　子供は「自由」という言葉に魅力を感じているが，「自由と自分勝手が違う」こともよく聞かされている。また，「自由には責任が伴う」という言葉を聞いたことがある者もいるかもしれない。ただ，このことを知っていても，自由と自分勝手の線引きは大人でも難しいし，自由に責任が伴うということも「自由にしてもよいが，それによって起こる結果については，自分が責任を負わなければならない（自分が責任を負えばよい）」という考え方に陥りやすい。そもそも，私たちは社会生活を営んでいるのであるから，そこでの自由の多くは社会への影響を踏まえたものであるはずであり，責任も社会的なものを無視するわけにはいかない。そこで，本時は自由度の大きさと責任の重さの関係について考えさせることを通して，自由と責任についての理解を深めさせたい。

■ 授業づくりのポイント

　「自由には責任が伴う」と言われるように，自由と責任は対にして使われることが多い。しかし両者の関係について具体的に述べることは容易ではない。際限のない自由が望ましいものだとは思えないにしても，そこに責任をもち出すのはなぜか。この授業では，日頃何となく使われている自由と責任の関係について深く理解させるために，権限が大きく，一見自由度も高いと思われる王様を家来と比較し，王様が国に及ぼす影響力の大きさから，その言動に対する責任の重さをとらえさせることで，自由と責任の関係についての理解を深めたい。

■ 学習指導過程

	学習活動	発問と予想される子供の心の動き	指導上の留意点
導入	○王様と家来の違いについて考える。	○王様と家来の違いは何だろう。 ・家来は王様の命令を聞かなければならない。 ・王様は自由と権力をもっている。	・王様が他の人よりも大きな自由と権力をもっていることを確認する。
展開	①教材を読む。		・全文を通読する。
	②ガリューの言うことを聞こうとしないジェラールの考えについて。	ジェラールは，どうしてガリューの言うことを聞こうとしないのか。 ガリューが正しくないと思っているのか。 ・自分の方が地位が高いと考えているから。 ・下の者に注意されたくない。 ・大した決まりではない。 ・自分は特別だと思っている。	・地位が上の者は下の者の言うことに従わなくてもよいというジェラールの勘違いを明らかにする。 ・自分が王子だから許されてもよいというジェラールの勘違いを明らかにする。
	③ジェラールの考え方と国の乱れの関係について。	ジェラールが王様になると国が乱れたが，ジェラールの考え方と関係があるのか。 ・王様が自分勝手だと人々もそうなっていく。 ・王様の影響でみんなが決まりを守らなくなった。	・王様の国全体への影響力の大きさをとらえさせる。
	④ジェラール自身が分かっていなかったことについて。	国が乱れてしまったが，ジェラール自身が分からないといけなかったことは何か。 ・王様の行動は一般の人よりも影響が大きい。 ・王様は一般の人々よりも責任が重い。 ・王様は自由度が大きい分だけ責任が重い。	・王様の地位は自由度が大きい分だけ，責任も重くなること，また人々に対する影響も大きくなることを理解させる。
	⑤王様が人々に比べて自由度が大きい意味について。	王様が一般の人々よりも自由度が大きいのは何のためか。 王様だからこそ，気を付けなければならないことは何か。 ・人々のために大切なことを決めるため。 ・人々を幸せにするために行動するため。 ・自分のことだけを考えてはいけない。 ・自分のことよりも国全体のことを考える。	・自由度が大きくなるほど，その責任が重くなることの意味について考えさせることで，自由と責任の関係について理解を深める。
終末	○道徳ノートを書く。	○今日の学習で分かったことを書こう。	・学習について振り返らせ，自分の学びを整理させる。

██ 教材の概要

　ジェラールは自分が王子であるという権力を振りかざし自分勝手な振る舞いばかりをしている。あるとき，国の決まりを破ったことを森の番人であるガリューに注意されるが，王子はその注意を聞くどころか反対にガリューを牢に入れてしまう。その後，ジェラールは王様になるが，わがままは一層ひどくなり，国は乱れ，とうとうジェラールも牢に入れられてしまう。

██ 授業の実際

〈学習活動③以降〉

> **発問**　ジェラールが王様になると国が乱れたが，そのことはジェラールの考え方と関係が
> 　　　　あるのか。

C　（子供たちの多くがうなずき，数人の子供が挙手をする）

C　ジェラールがわがままばかりしていたから，国が乱れてしまったと思います。

T　どうして，王様がわがままをすると国が乱れるの？

C　王様がわがままばかりするので，家来たちもわがままをするようになって，家来がわがままをするので，みんながわがままになって国がばらばらになった。

C　みんながわがままな国になって，みんなが決まりを破るし，勝手なことをするから。

T　ジェラールは王様であるのにわがままをして国が乱れたが，王様ではなく一般の人，つまり普通の人がわがままをした場合は，国は乱れるだろうか。

C　一般の人がわがままをしても国は乱れない。

C　その人の周りの人は嫌がるけれど，国全体に広がらない。

T　どうして？

C　王様は国の中心だから，わがままだとみんなに影響するけれど，普通の人の影響はあまりない。

T　なるほど，王様であるにも関わらずジェラールがわがままだったから国が乱れたのですね。

> **発問**　こんなふうに国が乱れたのは自分のわがままのためだったわけだが，そうなる前に
> 　　　　ジェラール自身が分かっていなければならなかったことは何か。

C　王様というのは国で一番偉いから，自分のやりたいことをやってもよいと思っていた。

T　なるほど，そう思っていたのですね。では，反対に分かっていなかったことは？

C　王様は，自分が偉いからといって何をしてもよいというわけではない。

T　どうして、何をしてもよいわけではないのですか？
C　王様が勝手ばかりしていると、国全体に影響して、みんなが勝手ばかりするようになる。
C　普通の人ならそうはならないけど、王様がわがままをすると国全体に広がる。
C　王様の影響は、他の人々よりも大きいということ。
T　（板書を指し示して）このこと、つまり、王様は自由も権力もあるけれど、国全体への影響があるということを分かっていなかったのですね。
C　（子供たちがうなずく）

> **発問**　それでも、王様は一般の人々よりも自由がある。権力も大きい。それは、何のためだろう。

C　いい国になるように政治をするため。
C　リーダーシップを発揮するため。
T　何のためのリーダーシップ？
C　国をよくしたり、国民の幸せを考えたりするため。
T　なるほど、では王様だからこそ許されないことは何かありますか。
C　自分のことだけ考えて行動すること。
C　王様の権力を自分のために使うこと。
C　国全体のことを忘れて、自分のことをすること。
T　王様は権力も大きく、自由もある分だけ、どんなことを感じて生活しなければなりませんか？
C　（自分は）影響力が大きいということ。
T　だから？
C　責任が重い。
T　そうですね。責任が他の人よりも重いということですね。

道徳ノートの記述と評価文例

自由の大きさと責任の大きさに関する記述

子供の ノート

今日の道徳で，王さまは，ふつうの人よりも自由があって，権力が大きいけれど，その分，自分のしたことのえいきょうが大きいことを分かって，自分のことだけでなく，国全体のことを考えて行動する責任があると分かりました。王さまは，自分の責任を感じて国全体のことを考えて行動しなければならないと思いました。

評価文例

「うばわれた自由」の学習を通して，王様は権力と自由があるが，そのかわりに他の人々への影響力も大きいので責任が重いということを理解しました。自由が大きくなるほど責任も重くなるという自由と責任の関係に気付いていました。

Point

自由と責任の関係について，自由度が大きくなるほど，それに伴って責任が重くなる，権力が大きいほど，他の人々への影響力が大きくなること，そこに責任が発生することに気付いたことを評価した。

「自由に責任が伴う」ことへの理解を深めたことについての記述

子供の ノート

わたしは，「自由には責任が伴う」という言葉を聞いたことがありましたが，今日の道徳でその意味が分かりました。王さまのように自由を多くもっている人は，その分だけ責任も重くなるからです。それは王さまのような人が自由に行動したら他の人々に与えるえいきょうが大きいからです。わたしは，王さまではないけれど，まわりの人のことも考えた責任ある行動をしたいと思います。

評価文例

「うばわれた自由」の学習では，「自由には責任が伴う」ということの意味についての理解を深めました。それは，自由を多くもっている人ほど周りの人々への影響が大きく，その分だけ責任も重くなるということです。このことを理解したことで，本当の意味での自由を大切にし，生かしていくことを期待しています。

Point

「自由には責任が伴う」という言葉の意味について，自由度の大きさと責任の重さの間にある関係に気付き，それを分かった上で，これからの自分の生活に生かしていこうという気持ちに寄り添って評価した。

王様の自由と責任についての記述

　ぼくは，王さまは自分のやりたいことが何でもできて，自由でいいなあと思っていましたが，今日の学習で，王さまが自分のやりたいことばかりやっていたら大変なことになると思いました。王さまは自由だけれど，その分，自分で自分のことを決めたり，しっかり考えたりして行動しないといけないことが分かりました。自由な分だけ責任が重くて大変だと思いました。

　「うばわれた自由」の学習を通して，王様は自由だけれど，その分，自分のことを自分で決めたり，しっかり考えたりして行動しないといけないということを理解しました。王様は自由が大きい分だけ責任も重くなるということです。

　王様という立場は，自由で自分のやりたいことができる一見うらやましい立場のようだが，実際には，自分でよく考えて責任ある行動をしなければならない厳しい立場であることを理解したことを評価した。

自由の大きい人の責任ある行動についての記述

　今日の道徳の学習で，自由が大きい人ほど責任が重くなってしまうということが分かりました。それは，自由が大きい人が自分勝手なことをしたら，みんなが大変なことになってしまうからです。自由が大きい人は，そのことを自分でよく分かって，自分が何をしたら他の人がどうなるかを考えて行動しなければならないと思います。

　「うばわれた自由」の学習を通して，自由度が大きい立場の人ほど責任が重いということの意味を理解しました。それは，自由度の大きい人が他の人に及ぼす影響が大きいということであり，それに伴って責任も重くなるということです。自由度の大きい人はそのことをよく自覚した上で行動する必要があると考えました。

　自由度の大きな人ほど，周りへの影響を考えた，責任ある行動をすることの大切さに気付いたことを評価した。

（服部　敬一）

| 高学年 | 正直，誠実【A−(2)】 |

誠実に生きる意味について考えよう

📖 教材：手品師 📖

■ ねらい

どんな小さな約束であっても，軽く扱うことなく，自分に誠実に生きることが自分自身の誇りを守ることになることを理解させる。

■ ねらいから見た評価のポイント

自分の良心に従って誠実に生きることが，後ろめたさや罪悪感をもつことなく，自分に誇りと自信をもって堂々と生きることにつながるという方向での理解の深まりを評価する。

■ 主題設定の理由

私たちは誰でもうそをつくことがある。また，自分の良心に反して自分勝手な行動をとってしまうこともある。さらに，そのことが誰にも知られないで済んでしまうこともある。そんなときは，（ばれなくてよかった）という安堵感もあるが，同時にそのことに甘んじている自分を情けなく思ったり，恥ずかしく思ったり，責めたりする気持ちがあることも否定できない。つまり，自分の行動が，良心に従ったものであるかどうかは誰よりも自分自身が知っている。このように，誠実な生き方とは，良心に対する誠実さに基づく，自分にうそのない生き方である。そして，そのような生き方が，心に一点の曇りもなく，自分に対する誇りと自信をもって堂々と，そして清々しく生きることにつながることを理解させたい。

■ 授業づくりのポイント

手品師が大劇場を選ぶか，男の子を選ぶかという二者択一の議論は行わない。そのような議論は子供たちの考えを深めるように思われがちだが，実際には，子供たちはどちらを選んだとしても，その理由は分かっており，いずれかの立場に立って考えを述べるだけになり，子供たちがすでに知っていること以上には考えが深まりにくい。そこで本時は，長年の夢であった大劇場で手品をすることや，そのことによって得られる名声，お金などをあきらめてまでも，男の子との約束を守ることにした手品師が，そこまでして一体何を守ろうとしたのか，何を大切にしたかったのかを議論させ，誠実に生きることの意味についての考えを深める。

■ 学習指導過程

	学習活動	発問と予想される子供の心の動き	指導上の留意点
導入	○本時の課題を知る。	・なぜ誠実な生き方が大切なのだろうか。今日は,そのことを考えよう。	・教師から課題を提示する。 ・あまり時間をかけない。
展開	①教材を読む。 ②手品師がずっと手に入れたかったものについて考える。		・全文を通読する。 ・売れない手品師の夢や望みを押さえることで,次の場面での手品師の覚悟をとらえやすくさせる。
		売れない手品師がずっと手に入れたかったものは何か？	
		・大劇場で手品をすること。 ・大勢の観客に認められること。 ・お金。安定した生活。 ・手品師として有名になること。	
	③手品師が男の子を選んだことで手に入れられなくなるものを考える。	手品師が男の子の方を選ぶことで手に入れられなくなるものは何か。	・手品師がそれまで手に入れたかったものをあきらめることを覚悟をした上で男の子を選んだことを押さえる。
		・大劇場で手品をすること。 ・大勢の観客に認められること。 ・お金。安定した生活。 ・手品師として有名になること。	
	④そこまでして,男の子を選んだ手品師が守りたかったものについて考える。	そこまでして男の子の方を選ぶことで,手品師が守りたかったもの,失いたくなかったものは何か。	・手品師にそれほどの覚悟をさせたもの,手品師がこれだけは失いたくなかったものについて考えさせることで,ねらいの方向への理解を深める。
		・小さな子供との約束であっても軽く扱う人間にはなりたくない。 ・自分の良心にうそをつかないこと。 ・自分の生き方への自信や誇り。 ・人を裏切って,平気ではいられない人間としての心。	
終末	○道徳ノートを書く。	○今日の学習で分かったことを書こう。	・学習について振り返らせ,自分の学びを整理させる。

第2章　授業と評価の実践事例と道徳ノートの記述から見取る通知票文例集　45

■ 教材の概要

　いつの日か大劇場のステージに立つことを夢見て日々腕を磨いている売れない手品師が，たまたま出会った男の子を手品で励まし，次の日も男の子に手品を見せる約束をする。ところが，その日の夜，大劇場のステージへの誘いが舞い込む。迷いに迷った手品師は，大劇場の話を断り，翌日も小さな町の片隅で男の子１人を相手に次々とすばらしい手品を見せる。

■ 授業の実際

〈学習活動③以降〉

> **発問**　手品師が男の子の方を選ぶことで手に入れられなくなるものは何か。

C　大劇場のステージに立つチャンス。大勢の観客の前で手品を見せるチャンス。

C　昔からの夢。そのために毎日腕を磨いていたのだから，大劇場に立ちたい。

C　大劇場で手品をして，有名になって，もっといろいろな劇場で手品をすること。

C　全国でも有名な手品師になって，大金持ちになるかもしれないチャンス。

C　大金持ちではないけれど，手品師はその日のパンを買うのもやっとだったので，食べ物に困らないぐらいのお金がほしかったけど，それも手に入れられなくなる。

T　（学習活動②の黒板を指し示して）これって，手品師が前々からずっと手に入れたかったものですよね。それなのに，男の子の方を選んでしまいました。手品師は，男の子の方を選ぶと，これだけのものが手に入れられなくなるとは思わなかったのでしょうか。

C　（首を横にふる）分かっていた。（口々に）

T　ということは，それを分かった上で，手品師は男の子の方を選んだのですね。

C　（うなずく）

> **発問**　手品師はこれだけのものを手に入れられなくなることを覚悟の上で，男の子の方を選んだ。そこまでして男の子の方を選ぶことで，手品師が守りたかったもの，失いたくなかったものは何か。

C　男の子の笑顔。

T　なるほど，男の子の笑顔を守りたかったのですね。では，手品師自身の問題として「守りたかったもの」はないでしょうか？

C　少数の手が挙がるが，多くの子供たちは（はて？）と考え始める。（しばらく待つ）

C　正直な心。

T　なるほど，正直な心ですね。誰に対する正直な心ですか？
C　男の子に対してと，自分に対して。
T　自分に対して正直な心というのがあるのですね。それが，今日の学習のめあてである「誠実」ということです。この手品師は，なぜ誠実に行動したのでしょう。
C　ここで男の子を裏切ったら，自分が男の子を裏切ってしまったと後悔する。
C　知らない男の子とした約束だから，男の子はあきらめるかもしれないけれど，手品師は自分のことを悪い人間だと思ってしまう。
T　ということは，手品師は何を守りたいのですか？
C　自分のことを悪い人間だと思わないこと。よい心。
C　自分は悪い人間だと，一生くよくよして生きていきたくない。
T　だから？
C　自分は悪い人間ではないと，堂々としていたい。
T　「くよくよ」の反対は「堂々と」ですか，なるほど。「くよくよ」しているときと「堂々と」できるときとでは，心の中はどう違うのでしょう？
C　くよくよしているときは，自分が悪いことをしたと後悔していて，堂々とできるときは，自分は何も悪いことをしていない。
T　悪いことをしていないという気持ち？
C　自信がある。　C　心がきれい。

> **発問**　翌日も小さな町の片隅で男の子１人を相手に次々とすばらしい手品を見せている手品師の心の中は，どんなだろう。

C　自分にうそをつかなかったから，すっきりした気持ちで手品をしている。
C　大劇場に立つ夢は，今回はあきらめたけど，またチャンスはある。

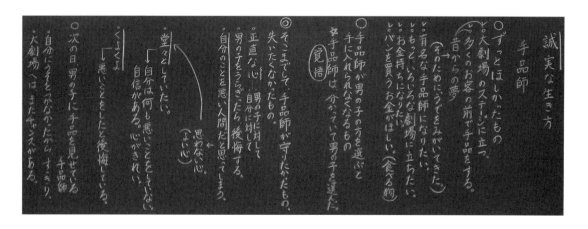

道徳ノートの記述と評価文例

良心に従って堂々と生きるよさに関する記述

今日の学習で，手品師はステージよりも子どもとの小さな約束を選んだということが分かりました。きっと手品師は悲しんでいる子どもをほっておくわけにはいかない。もし，舞台に出ても子どものことをずっと考えながら，もやもやした気持ちで，思うような手品もできないと考えて手品師は，男の子の方を選んだと思います。

「手品師」の学習を通して，たとえ大舞台のステージに立てたとしても，悲しんでいる男の子を放っておいたままでは，男の子のことを気にして，もやもやした気持ちが残り，堂々と手品ができなくなるという手品師の考えを理解することができました。

男の子との約束を破るようなことはしたくないという自分自身の良心に従わなければ，手品師の中にもやもやした気持ちが残って手品に集中できない。つまり，自分に誠実に生きることが，堂々と生きることにつながることに気付いたことを評価した。

自分を誇れる生き方についての記述

今日の学習で分かったことは，手品師の生き方です。たとえ自分の夢をかなえるチャンスを失っても，男の子をさびしい気持ちにさせない手品師の生き方に感動しました。ぼくは手品師ではないので，このお話の手品師のような生き方はしないですが，みんなにほこれるような生き方をして，自分らしい生き方を見つけていければいいなと思いました。

「手品師」の学習を通して，たとえ自分の夢をかなえるチャンスを失ったとしても，男の子をさびしい気持ちにさせたままの自分を許せないという手品師の生き方に感動していました。自分自身を誇れるような自分らしい生き方を目指してほしいと思います。

男の子をさびしい気持ちにしたままでは，自分自身を許せないという手品師の生き方を理解し，それに感動し，自分も誇りをもった生き方ができることを望んでいることを評価した。

相手を大切にする気持ちよさについての記述

　今日の道徳で，手品師は自分にも相手にも正直で，たとえ自分に不利益でも，そうすれば相手の笑顔を守れるのならば，するという相手のことを考えるいい人で，自分自身もいいことをしたという気持ちになれることが分かりました。大劇場に行っていたらいい気持ちにならなかったと思います。

　「手品師」の学習を通して，たとえ自分にとって不利益であったとしても，相手のことを考えて自分がよいと思うことをすれば，自分自身がいい気持ちになれることが分かりました。もしも手品師が大劇場に行っていたらいい気持ちにはならなかったとも考えました。

Point
　やや自己犠牲的ではあるが，相手のことを考えて行動することの清々しさ，気持ちよさ，反対に自分のことだけを考えて行動したときには，そのような清々しさや気持ちよさは感じられないという相手を大切にするよさに気付いたことを評価した。

自分の生き方を貫いたという記述

　今日の学習で，自分の生き方をつらぬき通し，夢までもすてて男の子をよろこばせた手品師はすばらしいと思った。それに，自分じゃなく男の子を優先して考えたこともとてもよいことだと思った。次の日，手品師は男の子の笑顔を見て，やっぱり大劇場に行くよりもこっちに来てよかったと思ったと思いました。

　「手品師」の学習を通して，自分の生き方を貫き通し，夢をあきらめてでも男の子を喜ばせようとした手品師のことをすばらしいと感じていました。そして，次の日，手品師は男の子の笑顔を見てやっぱり男の子のところへ来てよかったと自分の決断に納得できたことを理解しました。

Point
　自分の信じる生き方を貫き通すことのすばらしさについて理解し，次の日，手品師が男の子の笑顔を見て自分の決断は間違っていなかったと納得しただろうと考えたことを評価した。

（服部　敬一）

| 低学年 | 親切，思いやり【B−⑹】 |

優しくしたくなる理由を考えよう

📖 教材：はしのうえのおおかみ 📖

■ ねらい

「えへん，へん。」と言った時のおおかみの気持ちを比べることで，意地悪や弱い者いじめをすることはおもしろいかもしれないが，優しくしたときの方がずっと気持ちがいいことを理解させる。

■ ねらいから見た評価のポイント

意地悪や弱い者いじめをするよりも優しくしたときの方がいい気持ちになり，優しくできた自分に満足でき，優しくしようという気持ちが高まる方向での理解の深まりを評価する。

■ 主題設定の理由

相手の立場や気持ちを考えて行動することは，よりよい人間関係を築く上で，また，よりよい生き方をする上で大切である。一方で，人間には，誰しも意地悪をして楽しい，おもしろいと感じる気持ちがある。友達を困らせたり，ちょっと意地悪をしたりした経験は誰もがもっている。このことは，子供たちも知っているが，なぜ優しくすることがよいのかは十分に理解しているとは言えない。

そこで，意地悪するよりも優しくする方がずっといい気持ちになることやなぜいい気持ちになるのかに気付かせ，優しくしたいという気持ちを高めることが大切である。

■ 授業づくりのポイント

意地悪をするよりも優しくした方がよいことは子供たちも知っているので，優しくした方がいい理由について考えさせる。よい理由について考えさせることで，自分の行動を決定する際の根拠を子供の中に育てたい。また，安易な動作化や単に盛り上げるだけの効果を期待しての小道具は不要である。

本時は「えへん，へん。」と言った時のおおかみの心情を比べることで優しくしたときの方がいい気持ちになることに気付かせ，その理由について考えさせる。「どんな気持ちでしたか」ではなく，「どんなことを考えていましたか」と問い，子供の多様な答えを引き出すとともに，「なぜですか」「どうしてですか」と問い返すことで子供の考えの根拠を引き出す。

■ 学習指導過程

	学習活動	発問と予想される子供の心の動き	指導上の留意点
導入	○「えへん，へん。」について考える。	○「えへん，へん。」は，どんな時に言うかな。 ・いばるとき　・自慢するとき　・満足したとき	・「えへん，へん。」と言う時の心情を理解する。
展開	①教材を読む。 ②意地悪を楽しんでいるおおかみの気持ちを考える。		・全文を通読する。 ・自分よりも弱いものに威張っているおおかみの自己満足に気付かせる。
		1回目に「えへん，へん。」と言った時，おおかみはどんなことを考えていたか。	
		・悪いことだけど，おもしろい。 ・弱いうさぎに意地悪したら，おもしろい。	
	③おおかみが慌ててお辞儀をする理由について考える。	くまを見て，慌ててお辞儀をしたのは，なぜか。	・おおかみがくまも意地悪な行動をすると考えていることに気付かせる。
		・くまは強そうだから意地悪されないように。 ・今度は自分がくまに意地悪されると思った。	
	④くまの後ろ姿をいつまでもながめていたおおかみの気持ちを考える。	おおかみは，くまの後ろ姿をいつまでもながめながら，どんなことを考えていただろう。	・くまに対してあこがれ，変化するおおかみの気持ちに共感させる。
		・くまにそっと抱っこされていい気持ちだった。 ・くまは，なぜ，抱っこしてくれたのかな。 ・みんなに意地悪をしていて悪かった。 ・くまみたいになりたいな。	
	⑤くまのまねをして優しくできたおおかみの気持ちを考える。	2回目に「えへん，へん。」と言った時，おおかみは，どんなことを考えていたか。	・2回の「えへん，へん。」を比較する。 ・優しくすることで得られる達成感や満足感，充足感に気付かせる。
		・意地悪をしたときよりも，楽しいな。 ・くまのまねができた。 ・うさぎさんも喜んでくれた。	
		前よりずっといい気持ちなのは，どうしてだろう。	・意地悪よりも楽しかった理由を考え，優しくすることのよさに気付かせる。
		・優しくすると喜んでくれるから。 ・自分も相手もいい気持ちになるから。 ・くまみたいにいいことができたから。	
終末	○道徳ノートを書く。	○今日の学習で分かったことを書こう。	・学習について振り返らせ，自分の学びを整理させる。

教材の概要

おおかみは，自分よりも弱いうさぎに通せんぼうをして意地悪し，楽しんでいた。ある日，大きなくまに出会う。意地悪されないようにおおかみは慌ててお辞儀をする。ところが，くまは，おおかみを優しく抱き上げて降ろす。立ち去るくまの後ろ姿を見ていたおおかみは，次の日うさぎを同じように抱き上げて橋を通してやる。

授業の実際

〈学習活動②以降〉

> **発問** うさぎを降ろした後，「えへん，へん。」と言った時，おおかみは，どんなことを考えていたか。

C くまと同じことができました。

T 同じことができてどう思いましたか？

C うれしいです。

C やってよかったです。

C （ほかの子供が付け足して）それで，よかったぁってなりました。

T （黒板の「やってよかった」を押さえて）満足したのですか？

C はい。（何人も大きくうなずく）

C 偉くなったって…。

T 偉くなったのですか？　なぜ，そう思うのですか？

C くまと同じにできたからです。

T くまと同じにできたら偉いのですか？

C （おおかみは）前はできなかったからです。だけど，（くまにしてもらって）いいなと思っていました。で，（くまと同じように優しく）しようと思ってできました。

T なるほど。みなさんもそう思いますか？

C （多くの子供がうなずく）うん。それで，いい気持ちになりました。

T 偉いからですか？　できたからですか？

C う～ん…。それもあるけど，優しくしたからです。

C 優しくなれたから，かなと思います。

T （優しく）しただけでなく，（優しく）なれたのですか？

C 意地悪よりもいいなあって分かったから，もう優しくなれたと思います。

C すごいことしたって思っています。

T　すごいのですか？　どんなことがですか？
C　意地悪してたけど，くまみたいに優しくできたことが，すごいです。
T　おおかみにとっては，ということですか？
C　そうです。
T　１回目の「えへん，へん。」と２回目の「えへん，へん。」では，どちらがいい気持ちでしたか？（黒板の１回目の方を押さえて）こっちだと思う人？（黒板の２回目の方を押さえて）こっちだと思う人？　みんな，２回目の方がいい気持ちだと思うのですね。
C　絶対そうです。（大きくうなずく）

> **発問**　前よりずっといい気持ちなのは，なぜだろう。

C　２人とも，いい気持ちになるからです。
T　２人ともですか？
C　うさぎさんとおおかみさん。どっちもです。
C　うさぎさんは意地悪されなくて，優しくされていい気持ちだし，おおかみは優しくできたからです。
T　嫌な気持ちの人はいないのですか？
C　そうです。優しくして，そうしたら，いい気持ちになります。いいことしたなあって。
C　優しくできたから，いい気持ちになります。
C　親切にしたからいい気持ちになります。意地悪したら，おもしろいのもいい気持ちも，１人だけです。

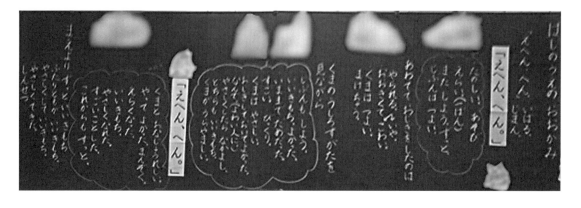

第２章　授業と評価の実践事例と道徳ノートの記述から見取る通知票文例集　53

■ 道徳ノートの記述と評価文例

意地悪するよりも優しくするよさに関する記述

　いじわるをおもしろいって思ったけど，やさしくすると，もっといい気もちになります。なぜかというと，ぼくもだけど，友だちもいい気もちになると思ったからです。1人だけじゃなくて，2人ともいい気もちになるって分かりました。

　「はしのうえのおおかみ」の学習を通して，意地悪をするよりも，優しくする方が気持ちがいいことを理解しました。また，優しくすると自分も相手もいい気持ちになるので優しくした方がいいということを理解することができました。

Point
　意地悪がおもしろいのはする方だけだが，優しくすると2人ともいい気持になる。つまり，優しくする方がいい理由はする方もされた方もいい気持ちになると気付いたと評価した。

優しさが広がっていくことについての記述

　くまさんに教えてもらってやさしくすることがいいなって気がついておおかみはやさしくできてえらいです。自分がいい気もちになったから，それをしてあげようって思ったから，やさしくできました。やさしくすると，いい気もちになって，ほか（の人）にもやさしくしたくなるから，やさしくした方がいいです。

　「はしのうえのおおかみ」の学習を通して，優しくされるとうれしくなり，自分もしてあげたくなることに気付いていました。してあげたい気持ちを大切にできるといいですね。

Point
　親切にされたことでいい気持ちになることが分かり，してあげたくなったおおかみの気持ちに共感し，優しくしたくなる理由に気付いていることを評価した。

優しくできたことをうれしく思うことについての記述

　くまさんのようにできたからおおかみはいい気もちになったと思います。やさしくすることができると自分がいい気もちになるから，やさしくするといいと思います。

　「はしのうえのおおかみ」の学習を通して，優しくすることができると自分自身がいい気もちになることに気付きました。お友達に優しくしていい気もちになれるといいですね。

Point

　相手の気持ちについては考えることができていないが，1年生の段階では相手の気持ちを考えることが難しいので自分自身がいい気持ちになれることに気付いたことを評価した。

優しくすることのよさに気付いたことについての記述

　いいことだからするのではなくて，やさしくするといい気もちになるからしたいと思いました。ほめられるからだけじゃなくて，いい気もちになれるからいいです。

　「はしのうえのおおかみ」の学習を通して，優しくした方がいいのは，ほめられるからだけでなく，自分がいい気持ちになるからだと気付きました。ほめられなくてもできるといいですね。

Point

　優しくするのがいいのは，ほめられるからだけでなく，自分自身の喜びになると気付いたことを評価した。

（中山　真樹）

| 低学年 | 友情，信頼【B−⑼】 |

友達と仲良くするよさについて考えよう

📖 教材：およげないりすさん 📖

■ ねらい

友達を悲しませて，自分たちだけで楽しんでも本当は楽しくないということに気付かせる。
みんなと一緒に仲良く遊んだ方が楽しいことに気付かせる。

■ ねらいから見た評価のポイント

一人ぼっちの子をつくって悲しませても，自分にとって本当の楽しさにはつながらない。
みんなで一緒に仲良く遊んだ方が自分にとっての本当の楽しさにつながるという方向での理解の深まりを評価する。

■ 主題設定の理由

友達とは，家族以外で特に関わりを深くもつ存在である。よい友達関係を築くには，様々な場面を通して理解し合い，互いを認め合い，協力し，助け合い，信頼感や友情を育んでいくことが大切である。そして，誰もがよい友達関係をつくりたいと思っている。

しかし，低学年の段階では，幼児期の自己中心性がまだ強く残っているために，相手の立場や考え方を意識できないことが多い。そのため，自分が楽しんでいたら友達が悲しんでいても気付かなかったり，あまり気にならなかったりすることが少なくない。

そこで本時は，友達との関わりを通して友達がいることのよさや楽しさに気付かせたい。

■ 授業づくりのポイント

子供にとって「仲間外れにすることはいけないことだ」ということはすでに分かっていると考える。また，仲間外れにされたりすの気持ちは考えやすく，「りすがかわいそうだから，みんなで遊んだ方がいい」と展開するのは，子供たちの考えが本当に深まったかどうかは疑問である。そこで本時は，仲間外れにしたかめ，あひる，はくちょうの心情の変化に焦点をあてた学習展開にし，友情（友達と仲良く遊ぶこと）について考えを深める。

学習指導過程

	学習活動	発問と予想される子供の心の動き	指導上の留意点
導入	○本時の課題を知る。	・今日は,「ともだちと なかよし」について考えよう。	・ねらいとする価値への方向付けをする。
展開	①教材を読む。 ②りすのことが気になり始めたときの3人の気持ちを考える。	島で遊んでいる3人は,りすさんを思い出してどんなことを考えたか。 ・りすさん,さびしがっているだろうな。 ・りすさんに悪いことしたな。 ・りすさんがかわいそうだな。 ・りすさんがいないと楽しくない。	・全文を通読する。 〔全員が仲良しなことを〕 〔押さえる。〕 ・3人は自分たちが遊ぶことだけを考えて,りすのことを仲間外れにしてしまったことをとらえさせ,そのことに対して罪悪感をもち始めたことを理解させる。
	③みんなで島に行くときの3人の気持ちについて考える。	笑顔のりすさんと一緒に島に行くとき,3人はどんなことを考えたか。 ・りすさんといっぱい遊ぼう。 ・りすさん,昨日はごめんね。 ・もう1人にしないよ。 ・みんなと一緒に行けてうれしい。	・りすが喜んでいるのを知って,自分たちもうれしくなる3人をとらえさせる。
	④3人の昨日と今日の気持ちの変化について考える。	昨日と比べて,3人の気持ちはどうだったか考えよう。 4人で遊んでいるときの気持ちを考える。 ・昨日より楽しい。 ・りすさんが喜んでいるから,自分たちもうれしい。 ・悲しんでいる子がいなくて,みんなで遊んでいるから楽しい。	・昨日の気持ちと比較させることで,みんなで一緒に遊ぶことの楽しさを理解させる。 ・友達を誰一人悲しくしないことの喜び,うれしさを理解させる。
終末	○道徳ノートを書く。	○今日の学習で分かったことを書こう。	・学習について振り返らせ,自分の学びを整理させる。

第2章 授業と評価の実践事例と道徳ノートの記述から見取る通知票文例集 57

教材の概要

「りす」が「つれていって。」と頼むが,「あひる・かめ・はくちょう」は「およげないから,だめ。」と告げて「りす」を置いて池の中の島に遊びに行ってしまう。ところが,遊んでいても「りす」のことが気になって楽しくない。

授業の実際

〈学習活動③以降〉

> **発問** 笑顔のりすさんと一緒に島に行くとき,3人はどのようなことを考えたか。

T 昨日のりすさんはどんな顔だった?

C 悲しそう。泣いていた。(口々に)

T 昨日の3人はりすさんが悲しんでいたから,(学習活動②の黒板を指し示して)このような気持ちになって楽しくなかったのですよね。

C (うなずく)

T 今日のりすさんの顔を見てみようか。(りすの笑顔の掲示物を指し示して)どんな顔?

C 喜んでいる。

C 笑っている。

C にこにこ顔。

T 今日の3人はどのようなことを考えている?

C みんなと行けてうれしいな。

C りすさんが笑顔になってよかった。

C りすさんがいたら,楽しいな。

C もう1人にしないよ。

C りすさんが喜んでくれてうれしい。

T (黒板を指し示して)3人はこのようなことを考えているのですね。これって,3人は喜んでいるの?

C 喜んでいる。(口々に)

T どうして?

C りすさんと一緒に行けるから。

C りすさんが笑っているから。

C りすさんが喜んでいるから。

T そうなのですね。

58

発問 昨日と比べて，3人の気持ちはどうだったか考えよう。

C 昨日より楽しい。
C 昨日よりうれしい。
T 昨日より楽しかったりうれしかったりするのは，どうして？
C みんなで一緒に遊べるから。
C 昨日はりすさんを一人ぼっちにして3人は楽しくなかったけれど，今日はりすさんも一緒だから3人も楽しい。
C 昨日はりすさんが悲しくて，泣いていたけれど，今日はりすさんがにこにこ顔だから，3人もうれしい。
T 一人ぼっちにしたら，された人も，した人も悲しい気持ちになるの？
C なる。（口々に）
T そうなのですね。

発問 みんなで遊ぶ「りす・かめ・あひる・はくちょう」はどのようなことを考えていたか考えよう。

C 今日は楽しい。
C みんなで仲良く遊んだ方が楽しいしうれしい。
T みんなで仲良く遊んだ方がどうしてうれしいの？
C りすさんを一人ぼっちにすると，りすさんも嫌な気持ちになるし，3人も嫌な気持になるから，みんなで遊んだ方がみんながうれしいから。
C りすさんが悲しんでいたら自分も楽しくないし，悲しい気持ちになるから，みんなで仲良く遊んだ方がいい。

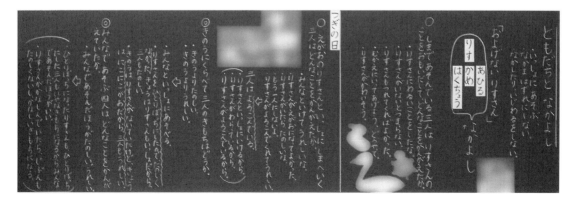

道徳ノートの記述と評価文例

りすさんがうれしくなったら，みんなもうれしくなったという記述

きょうの学しゅうで，りすさんをおいていったら，りすさんもかめさんもあひるさんもはくちょうさんもいやなきもちになった。りすさんがうれしいから，かめさんもあひるさんもはくちょうさんもうれしくなった。みんなでいっしょにあそんだら，すごくたのしくなったことがわかりました。

評価文例
「およげないりすさん」の学習を通して，一人ぼっちの子をつくらないで，仲良く遊んだ方が，みんながうれしくなることが分かりました。

Point
一人ぼっちの子をつくると，それをした方も嫌な気持になる。つまり，一人ぼっちの子をつくらないで仲良く遊んだ方がみんなもうれしい気持ちになることに気付いたことを評価した。

りすさんが悲しくなったら，3人も嫌な気持ちになったという記述

きょうの学しゅうで，りすさんをひとりぼっちにして，りすさんがかなしくなって，3人もいやなきもちになってたのしくなかった。みんなであそんだら，みんながにこにこがおになることがわかりました。

評価文例
「およげないりすさん」の学習を通して，友達を悲しませて，自分たちだけで遊んでも，嫌な気持ちになって楽しくない。みんなで仲良く遊んだ方がうれしくなって楽しいことを理解しました。

Point
友達を悲しませて，自分たちだけで楽しんでも本当は楽しくない，悲しむ子をつくらずに，みんなで仲良く遊んだ方が楽しいことを理解したことを評価した。

みんなと一緒に遊んだら，みんなが楽しいと記述

　さいしょは，かめさんたちがいじわるをして，りすさんがいやなきもちになって，かめさんたちもいやなきもちになった。りすさんがえがおになったら，かめさんたちもたのしくなったから，みんなでいっしょにあそんだらたのしいことがわかりました。

評価文例
「およげないりすさん」の学習を通して，仲間外れにされた方もした方も楽しくない，みんなで一緒に遊んだ方が楽しくなることに気付きました。

Point
仲間外れにされた方だけでなく，した方も実は楽しくない，誰も仲間外れをつくらずに遊んだ方が楽しいことを理解したことを評価した。

みんなと一緒に遊んだら，みんなが楽しい気持ちになるという記述

　りすさんは，ひとりぼっちになってかなしくなった。3人もいやなきもちになった。つぎの日はりすさんがかめさんのせなかにのってこうえんへいってえがおになったから，3人もうれしくなった。みんなでいっしょにあそんだら，みんなはたのしいきもちになることがわかりました。

評価文例
「およげないりすさん」の学習を通して，友達を一人ぼっちにして遊んでも，本当は楽しくない，みんなで一緒に仲良く遊んだ方が楽しいことを理解しました。

Point
友達を一人ぼっちにして自分たちだけで遊んでも本当は楽しくはない，みんなで仲良く遊んだ方が楽しいということに気付いたことを評価した。

（河西　由美子）

| 中学年 | 礼儀【B−(8)】 |

優しい言葉と態度について考えよう

📖 教材：言葉のまほう 📖

■ ねらい

　自分の言葉や態度で相手の心や態度が変わることに気付き，優しい言葉と態度によって相手と気持ちが通い合える，お互いが気持ちよく過ごすことができることを理解させる。

■ ねらいから見た評価のポイント

　礼儀正しい態度をとることは，友達とのトラブルの回避につながることを理解し，その上で自分の言葉や態度次第で，相手の心や態度が変わることに気付き，相手と気持ちが通い合うことのよさへの理解の深まりを評価する。

■ 主題設定の理由

　子供は，礼儀正しい態度をとることによって，自分も相手も気持ちよく過ごせるようになることは，今までの経験で理解してきている。しかし，言葉のニュアンスやその時の態度によって，相手の気持ちや態度が変わるということにはあまり意識が及んでいない。そこで，誰に対しても真心をもって丁寧な言葉遣いで接する態度が，お互いに気持ちよく過ごすために大切であることを自覚させる。

■ 授業づくりのポイント

　本教材は，日常生活で起こりがちな出来事であり，子供が共感しながら2つの場面を比較しやすい内容である。2つの場面を子供たちがそれぞれ役割演技をすることによって，場面の状況をとらえやすくし，ぼくや男の子の気持ちに気付かせる。そして，表情絵カードを提示することで，ぼくの気持ちの変化が視覚的にも分かるようにする。また，①の場面で「ぼく」が男の子に対して「痛いなぁ。」と怒鳴ることから，②の場面にも「痛いなぁ。」という言葉を追加することで，「ぼく」の気持ちにより迫る工夫をする。

■■ 学習指導過程

	学習活動	発問と予想される子供の心の動き	指導上の留意点
導入	○本時の課題を知る。	・やさしい□□□□。□にはどんな言葉が入るかな。 ・今日はどうして優しい言葉や態度がいいかを考えよう。	・日頃どんなことに気を付けているかを考えさせる。
展開	①教材を読む。 ②ゲームを買う場面を役割演技で再現し，ぼくの気持ちを考える。	 楽しみにしていたゲームを買って店を飛び出して，店に飛び込んできた男の子とぶつかった時，ぼくはどんな気持ちで怒鳴ったか？ ・痛いなぁ。気をつけろよ。 ・走るなよ。	・全文を通読する。 ・役割演技をすることで，その時の気持ちを考えやすくする。 ・自分の思いが中心になって，相手のことを考えていないことに気付かせる。
	③家に帰る途中の気持ちを考える。	家に帰る時のぼくの気持ちはどうだったか？ ・むしゃくしゃするな。 ・謝ってほしかったな。	・腹立たしさがおさまっていないことに気付かせる。
	④スーパーの場面を役割演技で再現し，男の子とぶつかったが謝られたときの気持ちを考える。	ぶつかった男の子が「ごめんね，大丈夫。」と言ってくれた時，どんなことを考えたか。 ・謝ってくれてうれしい。 ・みかんも拾ってくれてありがとう。 ◇2人とも優しい態度や言葉で接したとき，どんな気持ちになったか？ ・にこっとしてくれてうれしかった。 ・すっきりした。	・スーパーの場面を役割演技で再現させ，演技者に気持ちを発表させる。 ・男の子の態度のおかげで，自分も相手に優しく接することができていることに気付かせる。 ・言葉だけでなく，態度も気持ちに影響することに気付かせる。
	⑤昨日の出来事を思い出してはっとしたときの気持ちを考える。	昨日の出来事を思い出したぼくは，どんなことに気付いたのか。 ・昨日怒鳴らなければよかったな。 ・先に謝ればよかったな。	・自分の言葉や態度でお互いの気持ちが変わることに気付かせる。
終末	○道徳ノートを書く。	○今日の学習で分かったことを書こう。	・学習について振り返らせ，自分の学びを整理させる。

第2章　授業と評価の実践事例と道徳ノートの記述から見取る通知票文例集　63

教材の概要

　ゲーム店から飛び出したぼくは，男の子とぶつかった。その時，相手を怒鳴り，けんかになりそうになる。次の日，スーパーで買い物をしていたぼくは，反対側からきた男の子とぶつかり，持っていたみかんを落としてしまう。しかし，相手が謝ってみかんを拾ってくれたので，ぼくも素直に謝り，笑顔になった。

授業の実際

〈学習活動④以降〉

発問　ぶつかった男の子が「ごめんね，大丈夫。」と言ってくれた時，どんなことを考えたか。

C　すぐに謝ってくれてうれしい。（同じ意見のハンドサイン多数）

C　男の子の言葉遣いが正しい。

T　どういうところが正しいのですか？

C　ごめんねと言ったし，優しい言葉だった。

C　（男の子は）相手の気持ちを分かっているなぁ。

C　みかんも拾ってくれて，優しいな。（同じ意見のハンドサイン多数）

C　男の子がにこっとしてくれてうれしかった。（同じ意見のハンドサイン多数）

C　（付け足しで）ぼくも謝ろうと思った。

T　「ごめんね。」という言葉だけではなくて，みかんも拾ってくれたし，にこっとしてくれたんだよね。

C　言葉だけじゃなくて，みかんも拾ってくれたし，にこっともしてくれたから，ぼくもにこっとできた。

C　笑顔も大事だと思った。

C　（付け足しで）だから「ありがとう。」ってすぐに言えた。

T　男の子に「ありがとう。」と言ったぼくは，どんな気持ちになったでしょう。

C　すぐに謝ってくれてうれしかった。

C　昨日も（自分から）謝っていたらよかったな。

T　昨日のことを思い出したの？

C　そう。

T　それはどういう気持ちですか？

C　昨日の自分の態度を後悔している。

| 発問 | 昨日の出来事を思い出したぼくはどんなことに気付いたのか。 |

- C 周りのことを考えていなかったな。
- C 昨日ちゃんと謝っておけばよかった。
- T どうして謝っておけばよかったと思うのですか？
- C （家に帰る途中も家に帰ってからも）もやもやしないで済んだから。
- C （付け足しで）ぼくがきつい言い方をしたから相手の男の子も傷ついてたかもしれない。謝っていれば，傷つけることもなかったと思う。
- C 昨日ぶつかった時，優しく言えばよかったな。
- C 男の子に怒鳴らなければよかったな。
- C 男の子とぶつかった時，（自分の）言葉遣いが悪かったな。
- C ぼくもきちんと前を見ていなかったから悪かったな。
- C （付け足しで）男の子はどう思っているかな。
- T どうしてそう思うのですか？
- C 優しく言っていれば，けんかにならなかったと思うから。
- C 相手も怒ることがなかったと思うから。
- C 謝ると気持ちがすっきりするから。
- C 今日みたいな男の子だったら，すぐに謝れたのになあ。
- T 男の子のせいですか？
- C 男の子のせいだけじゃない。
- C 自分も謝ってたら，男の子も謝ってくれたかもしれない。

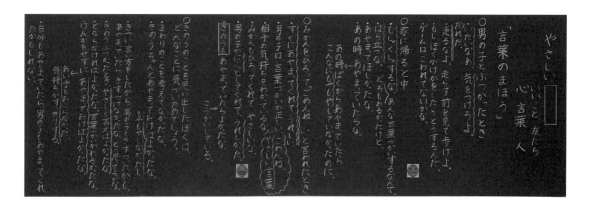

道徳ノートの記述と評価文例

礼儀正しい言葉遣いに関する記述

今日の学習で分かったことは，言葉づかいをやさしくしたり，正しくしたりすると，いい気持ちになったりうれしくなったりするけど，もし，言葉づかいが悪かったら，言った方ももやもやするし，言われた方もいやな気持ちになることです。これからは，少しきつかったところを気をつけて，やさしい言葉づかいにしたいです。

評価文例

「言葉のまほう」の学習を通して，正しい言葉遣いをしないと，言った方も言われた方も嫌な気持ちになるということに気付くことができました。

Point

礼儀正しい言葉遣いをすることで，相手も自分も気持ちよく過ごせるようになることに気付いたと評価した。

優しい言葉遣いで接することに関する記述

今日の学習で，やさしい言葉づかいをすると，相手の気持ちもすっきりするし，自分も後かいしないから，いつでもやさしい心をもっておかないといけないことが分かりました。今までは，思いやり，やさしい心をもっていなかった時があるので，これからは，やさしい心，思いやり，言葉づかいなどに気をつけて，相手をきずつけないようにしていきたいです。

「言葉のまほう」の学習を通して，優しい言葉遣いをすると，相手もいい気持ちになり，自分も嫌な気持ちにならないことを理解することができました。

優しい言葉や態度で接すると，相手も自分も気持ちよく過ごせることを理解したと評価した。

自分の態度や言葉遣いによって相手の気持ちや態度が変わることに関する記述

　今日の学習でわかったことは，ぶつかったときなどは，すぐにやさしい言葉であやまると，自分も相手もニコニコになるから，わざとじゃなくても，やさしくしたらいいと分かりました。だから，わざとじゃなくてもやさしくしたりやさしい言葉であやまったりできるようにがんばっていきたいです。

　「言葉のまほう」の学習を通して，わざとではないときでも，すぐに優しい態度で謝ることは相手も自分も気持ちがよくなるからいいことだということが分かりました。

Point
　自分の態度や言葉遣いによって，相手の気持ちや態度が変わることに気付き，相手と気持ちが通い合えることに気付いたことを評価した。

すぐに言い返さずに優しい言葉ですぐに謝るとよいということに関する記述

　今日の学習で，ぶつかったり相手に悪いことをしたりしたら，言い返さずに，すぐに「ごめんね。」と一言言えば，それですむのに，言い返すからけんかになるので，言い返さずにやさしい言葉ですぐにあやまると，相手も自分ももやもやせずに帰れるので，やさしい言葉づかいをしていくといいと分かりました。

　「言葉のまほう」の学習を通して，相手に悪いことをしたら，すぐに謝るとけんかにならず，相手も自分ももやもやしないという，優しい言葉遣いや態度のよさに気付くことができました。

　自分の今までの生活を振り返りながら自分が礼儀正しい言葉や態度で接することによって，お互いが気持ちよく過ごせることができることを理解したことを評価した。

（藤岡　三奈子）

| 中学年 | 友情，信頼【B-(9)】 |

よりよい友達関係を築くために
必要なことを考えよう

📖 教材：絵はがきと切手 📖

■ ねらい

　自分が悪く思われたくない，友達との関係を崩したくないという考えだけでは，本当の友達として足りないものがあることに気付かせる。

■ ねらいから見た評価のポイント

　友達とは普段から互いに何でも話せる仲であることが望ましいが，それは自分本位ではなく，あくまで互いを大事に思って，適度に気遣い合えることのよさの気付きを評価する。

■ 主題設定の理由

　私たちは，友達から自分がどう見られているか，またどう思われているかなど，自分への評価を気にすることがある。とりわけ仲のよい友達に対しては，自分が悪く思われたくない，友達との関係を崩したくないという思いから，必要以上に気を遣い過ぎたり，反対に遠慮なく意見したりすることで，友情関係を保とうとすることがある。

　しかしこうした言動は，時に相手を傷つけたり不快な思いをさせたり，気疲れしてしまうことがある。つまり，友達とは普段から互いに何でも話せる仲であることが望ましいが，それは自分本位ではなく，あくまで互いを大事に思って，適度に気遣い合える仲であることが望ましい。そうして友情や信頼を育むためには，本当の友達としてどうすることが望ましいか，相手や自分のことをよく考え，判断することで，よりよい友達関係につながることを理解させたい。

■ 授業づくりのポイント

　親友の正子に，定形外郵便のために70円不足していたことを知らせるか知らせないかについては，子供たちから出される理由は容易に想像がつく。そこで本時では，理由についてはひろ子の葛藤を理解するため早々に確認しておき，ひろ子はなぜ迷ったのかではなく，悩むのはひろ子が何を大切にしよう（守ろう）としたのか，という部分で議論させる。そうして，ひろ子が友達のことをよく考えて悩んでいる姿のよさや，最終的に知らせようと判断できた理由についての考えを深める。

学習指導過程

	学習活動	発問と予想される子供の心の動き	指導上の留意点
導入	○学習の見通しをもつ。	・友達ともっと仲良くなるために必要なことについて考えよう。	・友達ともっと仲良くなるために必要なことを2，3挙げてみる（授業前の把握）。
展開	①教材を読む。		・全文を通読する。
	②知らせるかどうか迷ったわけを考える。	ひろ子は，知らせた時と知らせない時の何を心配しているのだろうか。 （知らせると…） ・正子を嫌な気持ちにさせてしまう。 ・悪かったなと気を遣わせてしまう。 （知らせないと…） ・また同じ失敗をするかもしれない。	・それぞれの理由について把握し，ひろ子の葛藤を理解する。 ・母や兄の言葉についても触れ，理由に意味づけをする。
	③ひろ子が決心できた理由について考える。	ひろ子はこんなに悩んでまで，何を大切にしようとしたのか。 ・正子との<u>友情</u>（ずっと仲良くいたい）。 ・正子が絵はがきを送ってきてくれた時の<u>気持ち</u>（私のために絵はがきをくれた）。 ・正子のプライド（自尊感情）。	・ねらいとする価値について追求する。 ・友情や気持ちなど，抽象的な言葉に対しては問い返しながら具体的に語らせる。
	④よりよい友達関係を築くために必要なことについて考える。	ひろ子がよりよい友達関係を築くためにしたことは何だろう。 ・ちゃんと知らせる（あくまで正子のため）。 ・友達を信じる（分かってくれる）。 ・相手のことをよく考える。	・ひろ子は安易に判断せず，友達だからこそよく考えて判断していることに気付かせることで，ねらいへの理解を深める。
終末	○道徳ノートを書く。	○今日の学習で分かったことを書こう。	・学習について振り返らせ，自分の学びを整理させる。

教材の概要

　ある日，転校していった親友の正子から，ひろ子のもとへ絵はがきが届く。しかしその絵はがきは定形外のため70円分料金が不足しており，ひろ子が不足分を払うことになる。高校生の兄はこのことを正子に知らせるのが友達のためだと言うが，母親はお礼だけ書く方がよいのではないかと言う。ひろ子は迷ったが，最終的に正子にこのことを伝えることを決心する。

授業の実際

〈学習活動③以降〉

> **発問**　ひろ子はこんなに悩んでまで，何を大切にしようとしたのか。

C　正子との友情。

T　友情？　どんな友情？

C　ずっと仲のよい友達でいたいとか……。

C　正子が絵はがきを送ってくれた時の気持ち。

T　どんな気持ちだったの？

C　ひろ子喜んでくれるかな……とか，ひろ子のことを思って送ってくれた。
　　（「友情」や「気持ち」などのキーワードに対して，例えば「どんな気持ち？」などと問い返すことで具体的に語らせながら，発表者の思いを明確にして全体で共有できるようにする）

C　正子のプライド。

T　プライドね……。でもさっき（学習活動②の場面），知らせると嫌な気持ちにさせてしまったり，傷つけてしまったりするかもしれないと言っていましたよね。

C　うん。

T　ひろ子はそっちの方が友情をなくしてしまうとは思わなかったのでしょうか。

C　それも心配したと思うけど，やっぱり正子のことを考えたら同じ失敗を繰り返してほしくなかった。

T　それはひろ子の自分本位の考え方じゃないですか？　ひろ子はそう思っていても，正子さんは「あーあ，ひろ子さんに70円損させちゃった。悪かったなぁ」と思うかもしれないよ。

C　別に70円を返してほしくて言ったわけじゃなくて，あくまで正子のためを思って知らせているから，そこは自分（ひろ子）の気持ちを分かってくれると信じたと思う。

T　ひろ子は簡単に決断できたのではなく，正子のことをよく考えて判断したってことですね。

C　うん。

70

> **発問** ひろ子がよりよい友達関係を築くためにしたことは何だろう。

C 間違いはちゃんと教えてあげる。

T そうだね。教えてあげることで正子が同じ失敗を繰り返さないで済みますね。でもすぐに知らせようとせず，どうするか悩んでいたよね。どうして知らせようと決心できたのかな。

C きっと私の気持ち（正子のためだよって）を分かってくれると信じたからだと思う。

T そうか，最終的に決断できたのは，正子のことを信じることができたからなんだね。ひょっとしたら気まずくなるかもしれないと心配もあっただろうけど，それでも正子のためを思って知らせることができたんだね。これはさっきの「間違いはちゃんと教えてあげる」とつながるね（先ほどの発言と矢印でつなぐなどして関係を構図化する）。

T でもね，相手のことを信じて，間違いはちゃんと教えてあげるだけなら，普段から友達関係がしっかりしていたらできそうじゃないかな。ひろ子さんを見ていて，どんなところで「よりよい友達関係」を築いているなぁって感じますか？

C あ，分かった。正子のことを思って一生懸命悩んでいるところ。

T 悩むってどういうことですか？ 悩めばよりよい友達関係になれるの？

C 悩むくらい，相手のことをよく考えているってこと。

T つまり何…？

C つまり，こうしたら傷つくかな？ とか，こうすれば大丈夫かな？ なんて，相手のことや後先のことをよく考えて行動するってこと。

T なるほど。正しいことを伝えることや，友達を信じるってことも大切だけど，それも踏まえて友達のことや後先のことまでよく考えているひろ子さんってすてきですね。みんなは，自分のことをそこまでよく考えてくれているひろ子さんのような友達がいたらうれしい？

C うれしい！　C 一生友達でいたい！　C ずっと大切にしたい！

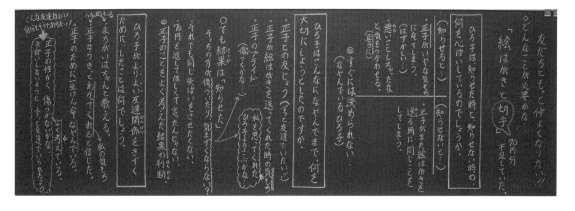

道徳ノートの記述と評価文例

相手のことをよく考えて行動することの難しさに気付いた記述

わたしは「知らせる」でも「知らせない」でも、どちらも相手のことをよく考えているなと思いました。どっちも最悪なパターンを予想した時、どうせ最悪になるなら、正しいことを教えてあげた方がいいと思います。自分の気持ちも相手の気持ちも大切にしながら、相手のことを考えて行動するのはむずかしそうだなと思いました。でもできるだけ自分のことだけじゃなく、相手のことも考えるようにしたいです。

「絵はがきと切手」の学習を通して、「自分の気持ちを大切にしながら、相手の気持ちも大切にする」ことの難しさに気付き、それでも「相手のことをよく考えること」を心がけようとする意欲がもてました。

「相手のことをよく考えて行動する」ということだけではなく、自分にできるかどうかを基準にして、「実はそれは難しいことではないか」と考えを深めていることや「それでもできるだけやろう」とする意欲を評価した。

相手のことをよく考え、具体的な態度についての記述

わたしが今日分かったことは、自分のことばかりを考えず、相手のことばかりも考えずに、どちらも平等に考えた方がいいということです。だから、正子には70円足りなかったことを言うけど、ちゃんと自分の気持ちも書いて、正子がいやな気持ちにならないようにそのわけと、お礼も言った方がいいと思います。

「絵はがきと切手」の学習を通して、よりよい友達関係を築くために「自分のことばかり考えず、相手のことばかりも考えずに、どちらも平等に考えた方がいい」と理解することができました。その上で伝えにくいことも相手にどのように伝えるかなど具体的に考えていました。

相手と自分の両方を平等に考えることの大切さに気付き、さらにそれを実践するためにどのような伝え方ができるかを、具体的に考えていることを評価した。

自分事にして考え，よりよい選択をする望ましさについての記述

　人によって知らせるか知らせないかが変わると思います。なぜなら，人それぞれせいかくがちがうからです。例えば私の親友の○○さんや○○さんだったら，知らせてもすなおに70円を返してくれると思います。でも児童センターにいるちょっとおこりんぼの友達なら，知らせても返してくれないと思うし，ぎゃくに知らせない方がおこらせなくていいと思います。

　「絵はがきと切手」の学習を通して，よりよい友達関係を築くために「相手のことをよく考える」ことの大切さを理解していました。その上で自分に置き換えて想像したとき，後先のことをよく考えて，相手の性格によって判断を変える必要があると考えを深めることができました。

　教材の話を自分の身の回りの環境（友達）に置き換えて考えることができている。その上で，相手のことをよく考えるということは，一概に同じ判断になるわけでなはいことに気付いていることを評価した。

自分が納得できたかどうかを大事にして，自分の意見（考え）を述べている記述

　手紙はお礼などを書くものだから，やっぱり「70円不足でした」と書くのは失礼だと思います。友達なら70円はらってもいいと思います。そうすれば友達も知らなくてすむし，いやな思いをしないからずっと友達でいてくれるからです。相手の気持ちをよく考えることが，本当の友達の望ましい関係だと分かりました。

　「絵はがきと切手」の学習を通して，たとえ自分にとって不利益であったとしても，相手のことをよく考えて自分がよいと思うことをすれば，相手に「嫌な思いをさせずにずっと友達でいられる」と，自分の考えを大事にすることができました。

　教材では「知らせる」ことで友情を深める結末であるにも関わらず，それに異を唱え，やや自己犠牲的ではあるが，相手のことを思って行動することのよさに気付いたことや，自分の意見（考え）を述べているところを評価した。

（眞榮城　善之介）

| 高学年 | 友情，信頼【B−⑽】 |

真の友情について考えよう

📖 教材：ロレンゾの友だち 📖

■ ねらい

　３人それぞれの対応やそれぞれの思いについて足りない点を考える中で，よりよい友情関係には友達を信じることが大切であることに気付かせ，お互いを信頼し合うことで，より強い友情関係を構築できることを理解させる。

■ ねらいから見た評価のポイント

　周りには「友達」はいるが，「本当の友達」までを意識することは少ない。「本当の友達」になるには，お互いを心から信頼することが大切であることについて理解の深まりを評価する。

■ 主題設定の理由

　友情には，お互いに理解し合い，信頼し合うことが大切である。生活の場面では，相手を全面的に信頼して受け入れることと，相手が不正なことをした場合にそれをいさめることとの間で揺れることがある。真の友情を築くためには，お互いが信頼し合うことが大切である。一方的に信頼し，相手のためだけを思って行動するだけでは成り立たず，自分が相手からも信頼される存在でなければならない。この関係を継続させるためには，お互いの努力も必要になってくる。相互の信頼関係の上に成り立つ真の友情を築くには，まず自分が友達を信じることが大切であることに気付かせたい。

■ 授業づくりのポイント

　これまでの実践でよく見られた，３人の中の誰の考え方が一番よいだろうかという議論は行わない。この議論を行った場合，ねらいとは異なる考えをもつ子供が多くなることが考えられる。３人に共通する考えである，「ロレンゾが罪を犯していた」「ロレンゾのことを心配していた」の２つを中心に授業を展開することで，ねらいへ向けた視点がより明確になる。そこで自分と友達の考えを交流することができ，考えをさらに深めることができる。そして，３人がロレンゾを信頼できなかったと悔やんでいたと気付かせることで，本当の友情にはお互いを信頼することが大切であると理解させることができる。

▦ 学習指導過程

	学習活動	発問と予想される子供の心の動き	指導上の留意点
導入	○本時の課題を知る。	・本当の友達とはどんな友達だろう。	・身の回りにいる友達との関係について考えることで，本当の友情とは何かという問いをもたせる。
展開	①教材を読む。		・全文を通読する。
	②ロレンゾがなぜ3人に会いたいのかを考える。	ロレンゾはなぜ3人に会いたいと思っているのだろうか。 ・3人とは特に仲のよい友達だと思っていたから。 ・20年間一度も会っていないから。 ・会ってから昔の懐かしい話をしたいから。	・3人に会いたいというロレンゾの気持ちを考えることで，4人がとても仲のよい友達であったことをとらえさせる。
	③黙って家路につく3人が何を考えていたのかについて考える。	3人は黙り込んだまま家路についたが，どのようなことを考えながら帰ったのだろう。 ・ロレンゾのことが心配だ。 ・ロレンゾが家に来たら困る。 ・もし家に来たらどうしてあげたらいいだろうか。	・3人に共通する「誰もがロレンゾが罪を犯したと思っていた」「誰もが友達であるロレンゾを心配していた」の2点を押さえる。
	④ロレンゾに会った時の3人の言動について考える。	3人は本当に罪を犯していないと思っていたのだろうか。 少ししか心配していないというのは本当だろうか。 ・みんながロレンゾを疑っていた。 ・みんながすごく心配していた。	・ロレンゾに会った際にはうそをついたが，本当は疑っていたこと，心配していたことを押さえる。
	⑤かしの木の下で話したことを口にしなかった理由について考える。	かしの木の下で話し合ったことを3人の誰もが口にしなかったのはどうしてだろうか。 ・自分が疑っていることを知られたくない。 ・申し訳ないと思っていた。 ロレンゾを信じてやれなかった3人はどんなことを思っているだろう。 ・疑って申し訳ない。 ・友達として信じてあげなければならなかった。	・3人全員が口にしなかった理由を考え，ロレンゾを信じてあげられなかったことを後悔していることを押さえる。
終末	○道徳ノートを書く。	○今日の学習で分かったことを書こう。	・学習について振り返らせ，自分の学びを整理させる。

第2章　授業と評価の実践事例と道徳ノートの記述から見取る通知票文例集　75

教材の概要

　20年ぶりに故郷に帰るロレンゾから，３人の友達に会いたいという連絡がきたが，ロレンゾについては警察に追われているという噂が流れている。３人はロレンゾを疑い，ロレンゾへの対応についてそれぞれ異なった意見を出し合うが結論が出ない。翌日，警察から連絡がありロレンゾが無実であったことを伝えられ，４人は20年ぶりの再会を喜ぶ。懐かしい話をするが，３人はそれぞれが疑っていたことをロレンゾに話すことはなかった。

授業の実際

〈学習活動③以降〉

> **発問**　３人は黙り込んだまま家路についたが，どのようなことを考えながら帰ったのだろう。

C　家に来たらどうしようか。

C　どうして来なかったのだろう。

C　ロレンゾが心配だ。

C　もしかしたら帰っている間に来ているかもしれない。

C　どうして連絡がないんだろう。

T　３人はどんなことを心配しているのだろう。

C　ロレンゾが捕まってしまったのではないか。

T　ロレンゾが家に来たらどうして困るのか。

C　自分に責任が回ってくるかもしれない。

C　来たら話は聞くけど何と言ってあげたらいいか分からない。

T　困るけれど居留守を使わずに出て話をする気持ちになるのはなんでだろう。

C　ロレンゾのことを心配しているから。

C　親友だと思っているから。

T　３人に共通する考えはどのようなことだろう。

C　ロレンゾはお金を持って逃げている。

C　ロレンゾがどうしているかとても心配している。

〈学習活動⑤以降〉

> **発問** かしの木の下で話し合ったことを3人の誰もが口にしなかったのはどうしてだろうか。

C 実際には罪を犯していなかったから話さなかった。
C 疑っていたことを知られたくない。
C ロレンゾが知ったら傷つくと思った。

T なぜロレンゾは傷つくのでしょうか。
C 犯人扱いされていたことが悲しい。
C 自分を信じてくれなかったことが悲しい。

T 疑っていたことを知られたくないのはなぜですか。
C 信じてあげられなかった自分が恥ずかしい。
C ロレンゾは親友だと思ってくれたのに,自分は裏切るようなことをしてしまったから。
C お金を持ち逃げしたことを信じたことを後悔しているから。

T 疑っていたことを知ったらロレンゾは3人に対してこれからどのように接するだろうか。
C 信頼していた友達だったので,もう友達ではいられなくなるかもしれない。

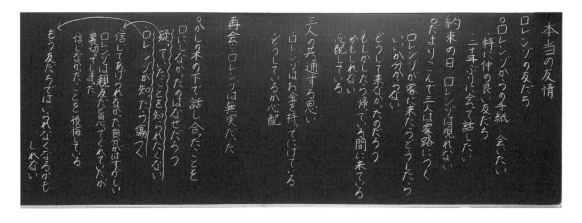

道徳ノートの記述と評価文例

お互いが信じ合うことのよさに関する記述

今日の学習で，本当の友情とは，どんな時でも自分のことだけを信じてもらうことや相手のことだけを信じることではなく，どんなことがあってもおたがいが最後まで信じることが大切だということに気付きました。

評価文例
「ロレンゾの友だち」の学習を通して，自分のことだけ，相手のことだけを一方的に信じるのではなく，本当の友達の関係では，どんなことがあってもお互いが信頼し合うことが大切であることに気付きました。

Point
友達を信じることができなければ，最後には疑ってしまったことを後悔する気持ちだけが残る。本当の友情の根底には，お互いに信頼し合うことが大切であるということに気付いたと評価した。

疑うのではなく信じることが大切だと気付いた記述

今日の学習で，本当の友達なら3人のように，あそこまでうたがっていなかったのではないかと思います。本当の友達ならうたがうことはせずに，まずは信じることから入ることが大切なのではないかと気付きました。

評価文例
「ロレンゾの友だち」の学習を通して，本当の友達に何かが起きたときには，疑うことから入るのではなく，信じることから始めることが大切であることに気付きました。

Point
ロレンゾのことを信じることができなかった3人の気持ちを通して，本当の友達なら，まず信じることが大切であり，疑うこともあるかもしれないが，始めはまず信じてあげることの大切さに気付いたと評価した。

信じることで本音で話すことができることに気付いた記述

今日の学習では，どんな時でも本音で話ができて，相手を信じようとすることが本当の友達だと分かりました。何かうわさを聞いたら，3人のようにうたがってしまうかもしれないけど，やっぱり信じてから話をすることが大切だと思います。

「ロレンゾの友だち」の学習を通して，たとえ友達に悪い噂が流れていても，最初は疑ってしまうかもしれないが，相手のことを信じて本音で話をすることが大切だと気付きました。

Point

相手を疑うこともあるかもしれないが，やはり相手を信じることで本音で話せることにつなげることができると気付いたことを評価した。

3人がロレンゾと本当の友達に戻ろうとしていることに気付いた記述

本当の友達なら3人のようにうたがうことはなかったと思います。友達という関係でなく，「本当の友達」なら，心から信じ切っていたと思います。ロレンゾはそれを信じていたと思うけど，3人が信じることができませんでした。でも3人は本当の友達にもどろうとして，酒場では話をしなかったのだと思います。

「ロレンゾの友だち」の学習を通して，3人は今回のことでロレンゾを信用することはできなかったが，お互いが信頼し合うことの大切さに気付き，これからそのような関係に戻ろうとしていることに気付きました。

Point

本当の友達なら信頼し合うことが大切だと分かったことで，今回，信頼することができなかったことを悔やんでいると感じ，これからもう一度，本当の友情関係を取り戻したいと考えていることに気付いたことを評価した。

（下野　理史）

| 高学年 | 相互理解，寛容【B-(11)】 |

相手を理解し，大切にしよう

📖 教材：ブランコ乗りとピエロ 📖

■ ねらい

誰でも嫉妬心や偏見により，相手を正しく見ることができなくなることに気付かせる。

■ ねらいから見た評価のポイント

相手のよさを認めようとしないのは自分の嫉妬心や偏見によるものであり，嫉妬や偏見なく相手を見ることが相手を理解することにつながるという方向での理解の深まりを評価する。

■ 主題設定の理由

互いに高め合い，広がりや深まりのある関係を築くには，相手を理解し，広い心で相手の言動を受け入れ，ほかの罪や欠点を厳しく責めないことが必要である。しかし，自分の立場が脅かされる不安や相手に対する劣等感，嫉妬など自分本位な気持ちから，相手を正しく理解しようとしない，理解できない場合がある。自分自身を守ろうとする思いから自分本位な弱さに支配されてしまうからである。

互いを理解しようとできない場合にはこうした弱さがあることに気付くことは，自分自身の言動を見つめ直し，よりよい関係を築くきっかけとなる。

■ 授業づくりのポイント

相互理解であるからにはピエロとサムの両方の気持ちを理解する活動がよいと思われがちだが，お互いが相手の気持ちを考えられたこと自体をよしとするのでは不十分である。また，ピエロがサムの努力に気付いたからサムのよさを認め，ピエロに認められたからサムがピエロを認めたということくらいは，教材を読めば分かることである。

そこで，ピエロとサムの双方の心情を追うことはせず，ピエロに焦点を絞って考えていくことで，そもそも2人の関係がこじれた原因がピエロの嫉妬や偏見であることに気付かせる。さらに，嫉妬や偏見があれば相手を理解することはできないし，相手からも理解されないことについての考えを深める。

▓ 学習指導過程

	学習活動	発問と予想される子供の心の動き	指導上の留意点
導入	○「花形」について考える。	○サーカスの「花形」は誰かな。 ・ピエロ，空中ブランコ，ライオン，猛獣使い	・「花形」について確認する。
展開	①教材を読む。		・全文を通読する。
	②ピエロのブランコ乗りとサムについての受け止め方を考える。	ピエロは「ブランコ乗り」とサムのことをどう思っているだろう。 ブランコ乗り ・サーカスの花形。欠かせない大事な仲間。 サム ・自分勝手。わがまま。よそから来たくせに生意気。 ・自分の言うことを聞かないやつだ。	・ピエロの他のブランコ乗りとサムの見方を比較し，ピエロの偏見を押さえる。
	③サムの見方がどのように変わったか考える。	「静かに話し始めた」ピエロは，サムのことをどう思うようになっただろう。 ・とてもがんばっていたことに気付いていなかった。 ・目立つだけの実力はある。 ・本当に観客を喜ばせている。	・サムの演技と，演技後の姿を見たことがピエロの心を動かしたことを押さえてサムへの見方が変わった理由を考えさせる。
	④ピエロがサムのことを理解しようとしなかった原因を考える。	ピエロが，これまでサムのよいところを見ようとしなかったのは，どんな気持ちが邪魔をしていたからだろう。 ・サムの方が目立つのが嫌だし，不安だ。 ・自分がリーダーでいたい。 ・自分の出番が減り，目立たなくなる。 ・サムの態度や性格が気に入らない。 ・来たばかりで目立つサムがうらやましい。	・サム自身が変化していないのにピエロの見方が変わっていることを押さえる。
	⑤相手を理解することの心地よさについて考える。	ピエロは，サムを憎んでいた自分と，サムを認めた自分とどちらが好きか。それはなぜだろう。 ・サムを認める自分の方が清々しく自分も相手も気分がいい。 ・相手も自分を理解してくれてよい関係になる。	・サムが「他国の大きなサーカス団から招かれた」ことをどう考えていたのかに触れ，それをどう感じていたのか考えさせる。
終末	○道徳ノートを書く。	○今日の学習で分かったことを書こう。	・学習について振り返らせ，自分の学びを整理させる。

第2章　授業と評価の実践事例と道徳ノートの記述から見取る通知票文例集　81

■ 教材の概要

　ピエロは他国の大きなサーカス団から招かれてきたサムのことが気に入らない。サムはいつも自分が目立ち，スターになるために，自分の出番を延ばすので迷惑であると考えている。

　大王アレキスが見に来た際にも時間を延ばすサムを腹立たしく思うが，演技後のサムの姿を見て，みんなから自分勝手を責められるサムをかばい，サムに忠告する。互いを理解した2人はすばらしい演技をする。

■ 授業の実際

〈学習活動④以降〉

> **発問**　ピエロがこれまで，サムのよいところを見ようとしなかったのは，どんな気持ちが邪魔をしていたからだろう。

C　サムの態度がよくなかったから嫌だという気持ちでした。

T　相手の態度がよくなかったのですね。態度がよかったら，よいところが見られましたか。

C　多分見られたと思います。態度が悪いと，実力があっても認めたくありません。

T　なるほど。ところで，ここでは，サム自身の態度は変わっていないのに，ピエロの見方は変わっていますね。どうしてだったのでしょうね？

C　それは…。サムの本当の姿に気付いたから？　真剣に演技をして，努力しているって。

T　態度がよくなくても，ですか？

C　う～ん。なぜだろう。もう少し考えたいです。

T　そもそも，他国のサーカス団からブランコ乗りを招くことをピエロたちはどう思っていたのでしょう。

C　よく思っていなかったと思います。自分たちだけではだめだと思われていると感じて。

C　自分がいるのに，どうしてだろうと不安になります。

C　自分がいるからわざわざ招かなくてもいいのになぜって腹が立ちます。

T　そうだとしたら，サムが来ると，ピエロにとって都合が悪いのですか？
　　（うなずき）

C　自分がスターでいられなくなるかもしれません。

C　自分よりも人気が出て目立ってほしくないです。

C　自分が目立ちたいしスターでいたいので，来てほしくないです。

C　自分よりも期待されていることが気にくわないというか，自分に期待してほしいし，任せてほしいです。そういうサムがうらやましいというか…。

82

C 嫉妬？
C そう，それ。だから，サムが何をしても気に入らないと思います。
T では，サムの態度が悪かったことがピエロがサムの実力を認めるのを邪魔していた理由になりますか？
C 少しはあるけど，自分の人気やリーダーでいられるかの不安の方が大きいと思います。
C ちゃんとピエロがサムを最初から認めていればサムの態度は悪くなかったかもしれないので，嫉妬していたからの方が大きいです。

> **発問** ピエロは，サムを憎んでいた自分と，サムを認めた自分とどちらが好きか。それはなぜだろう。

C サムを認めた自分の方が好きだと思います。そういう不安や嫉妬を乗り越えた自分がいいと思うからです。
C 相手のことがよく分かるし，相手のよいところが認めやすいからいいと思います。
C 認め合える方がよい関係がつくれるからです。
T 認めない方がいいと思う人はいないのですか？
C 嫉妬したり，嫌なやつだと決めつけたりすると嫌な気持ちになるし，関係も悪くなるので，認めないより認めた方がいいと思います。
C さっき○○さんが言ってたけど，そういう嫌な部分を乗り越えられるのってすごいと思うから，そんな自分は好きになれると思います。

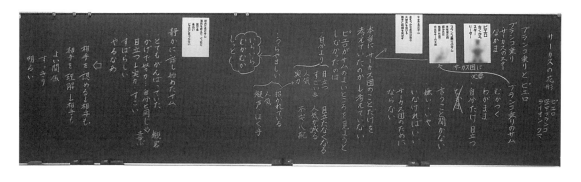

道徳ノートの記述と評価文例

嫉妬が相手を理解するのを妨げることについての記述

　なかなか気付かないけれど，相手をみとめたくないと思うのは自分自身が相手にしっとしていることがあるのだと気付きました。相手のいやなところばかりに目がいってよいところに気付かないのは，自分が原因のことがあるんだと思います。
　相手のよさをみとめることはむずかしいことがあるけど，すなおにみとめられたらいいと思いました。

評価文例
　「ブランコ乗りとピエロ」の学習を通して，相手の悪いところにばかり目がいき，相手を認めたくないのは，自分自身の中の相手をうらやむ気持ちが相手のよさを認める邪魔をしていることを理解することができました。

Point
　嫉妬のせいで相手を認められないことがあることに気付いたと評価した。

人間の弱さと強さについての記述

　相手のよさをみとめて理解することは意外とむずかしいです。みとめたくなかったけど，自分の中にも相手をうらやましいと思う気持ちがあって，相手を悪く思ってしまうことがあると気付きました。でも，それを乗り越えることもできると分かりました。

評価文例
　「ブランコ乗りとピエロ」の学習を通して，相手のよさを認めるのがむずかしい場合があり，相手を理解することがむずかしい理由を理解するとともに，相手を認めることができる力をもっていることに気付いていました。

Point
　自分自身も嫉妬や偏見をもっているが，それを乗り越えられる強さをもっていることにも気付いていることを評価した。

相互理解のよさについての記述

　しっとや思いこみを乗り越えて相手をみとめることができると，相手の気分もよくなり，相手との関係がよくなることに気が付きました。みとめられると相手はうれしくなるし，自分も相手をみとめることができたらすっきりします。おたがいをみとめ分かり合うことでよい関係になれることに気付きました。

評価文例

　「ブランコ乗りとピエロ」の学習を通して，まず，自分が相手を理解することで相手の気持ちが変わり，自分の気持ちもよくなり，互いに理解することで互いの関係がよくなることを理解することができました。

Point

　自分が相手を認めることで相手との関係に変化が生じ，互いに理解し合う関係になることですっきりし，よりよい関係になれるという相互理解のよさに気付いたことを評価した。

相互に理解することで相手を許せることについて記述

　おたがいにきらいで反発していても，どちらかが相手をみとめ理解するとおたがいの関係が変わって許せることがあると気付きました。相手のことが分かっていないとはらが立ってしまうことも，相手のことが分かっていればしかたがないとか理由が分かったりして許せることができるし，はらが立たないのだと思います。

評価文例

　「ブランコ乗りとピエロ」の学習を通して，相手を理解していれば，腹が立つことがあっても相手の立場に立って広い心で許すことができることを理解しました。

Point

　相互に理解することで相手の立場や心情が分かり，寛容になれることに気付いたことを評価した。

（中山　真樹）

| 低学年 | 規則の尊重【C−⑩】 |

みんなのものを
大切に使うために考えよう

📖 教材：きいろいベンチ 📖

■■ ねらい

　みんなで使う場所では人に迷惑をかけてはいけないことは知っていても，何かに夢中になると迷惑をかけやすくなることに気付かせる。

■■ ねらいから見た評価のポイント

　つい，自分たちが陥ってしまい，できないことがあるからこそ，気を付けてみんなのために，みんなが使う場所や物を大切にしていく必要があるという考えの深まりを評価する。

■■ 主題設定の理由

　公共の物を大切にしようと思う心のもとになるものは，私たちが他の人とともに支え合いながら社会生活を営んでいることの自覚と，自分を取り巻く不特定多数の人たちへの思いやりの心であると考える。近年，大人でさえも，公共の場所においてルールが守れなかったり，自分のことしか考えていない行動で人に嫌な思いをさせたりしていることが少なくない。

　公共の物や場所を使うときには，自分の思いのままに行動するのではなく，きまりを守り，みんなで使う物を大切にすることが，互いに気持ちよい生活を送ることにつながることを理解させたい。

■■ 授業づくりのポイント

　低学年の子供たちがイメージする「みんな」は，とても範囲が狭いものが予測される。そこで導入時に，「みんな」が「何のために」使うのかということを具体的にとらえさせた上で，教材に取り組んだ。また，「みんなで使う物を大切にする」ことは，子供たちは言われ続けてきていることである。そこで，できないときはどんなときか，できないとどんなことになるのかを考えさせ，みんなで使う物を大切にできることの価値に気付かせたい。

▉▉ 学習指導過程

	学習活動	発問と予想される子供の心の動き	指導上の留意点
導入	○公園のベンチについて考える。	・公園でベンチを見たことがあるか。誰が，どんなときに使うものだろう。	・公共物について具体的に理解させる。
展開	①教材を読む。 ②ベンチの上から紙飛行機を飛ばした時の2人の気持ちを考える。	 なぜ，2人はみんなが使うベンチの上にのったのだろう。 ・遠くに飛ばしたい。 ・後のことは考えてなかった。 ・久しぶりに遊んで楽しかったからもっとやりたくなった。	・全文を通読する ・久しぶりに公園で遊べていることを押さえた上で夢中になって，みんなで使う物だということを忘れている2人の様子を理解させる。
展開	③「はっ」として顔を見合わせた2人について考える。	女の子のスカートを汚して嫌な思いをさせてはじめて，「はっ」としたたかしたちは，どんなことを思いながら顔を見合わせているのだろう。 ・謝らないといけない。 ・ひどいことをした。 →後から来る人のことを考えなかった。 →自分たちのことばかりだった。 ・女の子のスカートを汚そうと思っていたのか。 なのにどうして2人は，どろどろのくつでベンチにのって，ベンチやスカートを汚してしまったのだろう。 ・紙飛行機に夢中になり過ぎた。 ・楽しくて，忘れていた。 ・飛ばしたくて，まあ，いいかと思った。	・女の子やおばあさんはスカートが汚れ，悲しい，嫌な気持ちになっているだろうことを伝え，しまったという気持ちをもとに，2人に足りなかった考えに気付かせる。 ・汚したいと思っていたわけではないことを押さえ，夢中になると，つい「みんなの物」である意識をおざなりにしてしまいがちなことに気付かせる。
終末	○道徳ノートを書く。	○今日の学習で分かったことを書こう。	・学習について振り返らせ，自分の学びを整理させる。

第2章　授業と評価の実践事例と道徳ノートの記述から見取る通知票文例集　87

■ 教材の概要

　たかしとてつおは雨が上がった公園のベンチの上から，ベンチを泥だらけにしていることに気付かないまま，何度も紙飛行機を飛ばして遊ぶ。そこへやってきて座った女の子のスカートは汚れてしまい，その様子を見ていた2人は自分たちのしたことに「はっ」と気付く。

■ 授業の実際

〈学習活動導入以降〉

> 発問　公園でベンチを見たことがあるか。誰が，どんなときに使うものだろう。

C　おじいちゃん。散歩のとき，休憩で座る。

C　ぼくたち。ゲームする。

C　お母さん。小さい子が遊んでるの見てる。

C　犬の散歩に来た人。

T　いろいろな人が座るために使うんだね。

> 発問　なぜ，2人はみんなが使うベンチの上にのったのだろう。

C　紙飛行機をもっともっと飛ばしたかったから。

C　いい天気になって，紙飛行機でやっと遊べたから。

C　高いところからの方が，紙飛行機がいっぱい飛ぶと思った。

> 発問　女の子のスカートを汚して嫌な思いをさせてはじめて，「はっ」としたたかしたちは，どんなことを思いながら顔を見合わせているのだろう。

C　「やばい」と思ってる。

C　謝らないとと思ってる。

C　やっちゃった。どうしよう。

T　2人は，どんなことを考えてなかったからこんなことになったのかな。

C　ほかの人のことを考えなかった。

C　ベンチがどろどろになっちゃうこと。

C　女の子が来ると思ってなかった。

発問 なのにどうして2人は，どろどろのくつでベンチにのって，ベンチやスカートを汚してしまったのだろう。

T 女の子のスカートやベンチを最初から汚そうと思っていたのかな。
C 違うって！（たくさんの子が一斉に否定）
C 思ってなかったけどやっちゃってん。
T じゃあ，どうしてどろどろのくつでベンチにのってベンチや女の子のスカートを汚しちゃったの？
  （少し手が挙がるが，お隣と話をさせてから発表させる）
C 忘れてた。
T どうして？ 何をかな。
C 他の人のこと。紙飛行機を飛ばしたかったから。
C 一生懸命やってたから，忘れたんや。
T 一生懸命になったら，忘れちゃうんだね，そんなことある？
  （うんうんとうなずく）
C やりたい気持ちがあって，ちょっとくらいいっかと思った。
T ということは，女の子がちょっとくらい困ってもいいと思っていたの？
C 違うけど。ちょっとのるくらいやったら，大丈夫と思ってた。
T やりたい気持ちが勝ったのは，どうしてかな。
C おもしろかったから。
C 楽しかって，気にしなくなっちゃっててん。
T 楽しいとみんなのことを気にしなくなってしまうことがあるんだね。

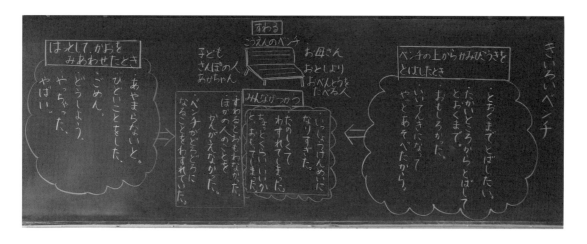

道徳ノートの記述と評価文例

大切にできなかった理由に関する記述

たのしくなりすぎて，女の子のこととかかんがえなかったのがだめだとおもった。みんなでつかうところは，気をつけたらいい。

評価文例

「きいろいベンチ」の学習をして，みんなの物を使うときには，後の人のことを考えることが大切であることや，楽しいとそれを忘れそうになってしまうことが分かり，気を付けようという気持ちをもつことができました。

自分なりの言葉で，思慮の足りなさ，夢中になったときの配慮の足りなさに気付き，気を付けたいという気持ちをもっていることを評価した。

登場人物の気付きについての記述

「きいろいベンチ」のはなしをべんきょうして，たかしたちは，じぶんたちがたのしいからってベンチをよごしたからだめだと思いました。スカートがよごれた女の子とかがかわいそうだった。

評価文例

「きいろいベンチ」の学習では，みんなで使う物は，自分たちの都合だけではなく，次に使う人や，使うみんなのことを考えて使うことが大切であることに気付くことができました。

教材の世界での記述になっているところに，言葉を足して，一般化して評価文にすることで，子供の理解を深めることができる。自分たちの楽しさだけでなく，女の子を困らせたことに視点が向いていることを評価した。

自分の経験と重ねた記述

　ぼくは、ベンチじゃないけど、電車のいすで、お母さんにすごくおこられたことがあります。そとをみようとおもったら、お母さんが、「くつで、よごれるでしょう。つぎにすわれないでしょう。」といいました。おんなじだなあとおもいました。気をつけたいです。

評価文例

　「きいろいベンチ」での学習から、自分の経験を思い出して合わせて考えることができました。登場人物のたかしたちと自分を重ねて、みんなの物を大切にするということは、次に使う人のことを思うことだと理解することができました。

Point

　教材から、自分の経験を思い起こし、自分と重ねて考え、みんなの物を大切にすることについて、理解している点を評価した。

方法論の記述

　女の子のスカートがよごれたらあかんから、たかしたちは、くつをぬいでのればよかったとおもった。ちゃんと考えないとあかんとおもった。

評価文例

　「きいろいベンチ」の学習では、みんなの物を使うときには、次に使う人のことを想うことの大切さを理解し、次に使う人のことを考えていきたいという気持ちをもつことができました。

Point

　記述は方法論であるが、その中には、次の人への配慮の気持ちがいっぱいあること、自分自身もみんなの物を使うときには、きちんと考えていきたいという思いが感じられることを評価した。

　　　　　　　　　　　　　　　　　　　　　　　　　　　（龍神　美和）

| 中学年 | 公正，公平，社会正義【C −⑿】 |

順番ぬかしについて考えよう

📖 教材：雨のバス停留所で 📖

■ ねらい

　順番を守らないのは，自分の勝手な事情があるかもしれないが，他の人にとってはずるく，自分勝手で，腹立たしいことであることに気付かせる。

■ ねらいから見た評価のポイント

　自分勝手な行動をとることは，他の人にとっては腹立たしく迷惑なんだと理解し，社会の約束やマナーを守ろうとする方向での理解の深まりを評価する。

■ 主題設定の理由

　「順番を守らなければいけない」ということは誰でも分かっていることである。しかし，ときに自分の都合のいいように理由をつけたり，遊び心が優先してしまったりして守れないことがある。そんなときは，順番を守らないと，周りの人がどんなことを思うのかということを考えていないことが多い。子供の間でも，ルールを守らなければ，他の友達から注意されたり批判されたりすることがある。しかし，社会の中に入ると，子供のことだからと許されていることも多いと考えられる。そのような経験から，少しぐらい順番を守らなくても許してもらえるだろう，大丈夫だろうという気持ちが生まれるのではないかと考えられる。

　そこで，順番を守らないとどういうことになるのか，自分だけがよければよいという自分勝手な行為が，他の人の目には腹立たしく，許せない行為として映ることに気付かせ，順番を守ることの意味を理解させ社会のきまりや秩序を守る姿勢を養いたい。

■ 授業づくりのポイント

　すでに順番を守らないといけないということは理解しているので，よし子がバスを待っている間の心情をつかませる。その上で，順番ぬかしをしたよし子の気持ちと他の人の気持ちを対比させ，考えさせる。そのことで，自分では少しぐらいと思っている行動が他の人には自分勝手だと腹立たしく思われていることを理解し，社会の約束やマナーを守ることの意味を考えさせる。

▓ 学習指導過程

	学習活動	発問と予想される子供の心の動き	指導上の留意点
導入	○日常生活でどんなときに順番を守るのかを話し合う。	・普段の生活の中でどんなときに順番を守るだろうか。	・順番を守る状況を想起させることで、教材をとらえやすくさせる。
展開	○教材を通読する。		・全文を通読する。
	①バスを待つ人たちの気持ち。	雨宿りをしていた人たちは、どんな気持ちで時々バスの来る方を見ていたのだろう。 ・早く来てほしい。 ・濡れるのは嫌だなあ。 ・遅いな。	・よし子さんや他の人が少しでも早くバスに乗りたいという気持ちをつかませておく。
	②よし子さんの行動。	よし子さんが停留所で一番先頭に並んだのはなぜだろう。 ・少しでも早く席に座りたかったから。 ・雨宿りをしているだけだと思ったから。 ・雨宿りの順番は関係ないと思ったから。	・よし子さんの行動が不注意によるものではなく、自分勝手な考えから、分かって順番をぬかしたことをつかませる。※挿絵
	③よし子さんと並んでいた人たちの気持ち。	先頭に並んだよし子さんと、並んでいた人たちはそれぞれどんな気持ちだったろう。 よし子 ・これで座れる。やったぁ。 ・先頭に並べてラッキー。　⇒自分勝手な考え ・ちょっと悪かったかな。 並んでいた人たち ・ちゃんと順番を守れ。 ・マナーの悪い子だな。　⇒迷惑・腹が立つ ・注意をしようかな。	・よし子さんと周りの人たちとの気持ちの違いに気付かせ、順番を守ることの大切さを押さえる。 ・少しならいいだろうと思っていても、他の人には違って映っていることに気付かせる。 ・子供だから注意はしないが、本当は嫌な気持ちであることに気付かせる。
	④よし子さんがもっと考えなければならなかったことについて。	よし子さんが考えていなかったこと、もっと考えなくてはならなかったことは何だろう。 ・周りの人たちがどんな気持ちなのか。 ・自分勝手なことをすると、周りの人はどんな思いをするのか。	・よし子と、並んだ人の思いを比較し、自分では思わなくても、他の人は嫌な気持ちになるかもしれないことに気付かせる。
終末	○道徳ノートを書く。	○今日の学習で分かったことを書こう。	・本時で分かったことを書かせ、学習を振り返らせ、学びを整理させる。 ・評価の資料とする。

第2章　授業と評価の実践事例と道徳ノートの記述から見取る通知票文例集　93

■ 教材の概要

　本教材は，雨の日にバス停留所近くの軒下で，順番に並んで雨宿りをする人たちの後ろによし子たちも並ぶが，バスを見つけたよし子は他人のことを考えず，一番にバスに乗ろうとする話である。母に止められた後，ようやくバスに乗り込むがいつも優しい母に無視をされ，自分のしたことを振り返るよし子の姿が描かれている。

■ 授業の実際

〈学習活動②以降〉

> **発問**　よし子さんが停留所で一番先頭に並んだのはなぜだろう。

C　少しでも早く席に座りたかったから。

C　他の人は雨宿りをしているだけと思ったから。

T　本当に雨宿りをしているだけで，バスは待っていなかったのかな。

C　雨宿りをしながらバスを待っていたと思います。

T　なるほど。

C　雨宿りの順番は関係ないと思ったから。

T　バスを待ちながら順番に雨宿りをしていると本当に思わなかったのかな。

C　思わなかったと思います。

T　では，なぜ雨宿りをするときに，列の一番後ろに並んだのでしょうか。

C　バスを待っていると分かっていたからだと思います。
　　（ほとんどの子供が同じ意見だとハンドサインをする）

> **発問**　先頭に並んだよし子さんと，並んでいた人たちはそれぞれどんな気持ちだったろう。

よし子さん

T　先頭に並んだとき，よし子さんはどんな気持ちだったでしょうか。

C　これで座れる。　　C　やったぁ。　　C　先頭に並べてラッキー。

C　ちょっと悪かったかな。

T　どうして悪いと思ったのかな。

C　順番に並んで待っている人がいたから。

並んでいた人たち

T　では，逆に並んでいた人たちはどんな気持ちだったでしょうか。

94

- C ちゃんと順番を守れ。
- C マナーの悪い子だな。
- C 注意しようかな。
- T では,よし子さんの行動や考えは,並んでいた人から見たらどう見えるのかな。
- C 自分勝手な考えだなと思う。
- C 自分のことしか考えていない。
- C 自己中心的。
- T では,どうして注意しないのかな。
- C 子供だから。
- C お母さんが注意するはずだから。
- T 注意しないけれど,心の中ではどう思っているのかな。
- C 腹が立つ。
- C 迷惑だからやめてほしい。

> **発問** よし子さんが考えていなかったこと,もっと考えなくてはならなかったことは何だろう。

- C 周りの人の気持ちを考えていなかった。
- C 周りの人がどんな気持ちになっているのか。
- T どんなことに対してですか。
- C よし子さんの自分勝手な行動に対して。
- T なるほど。自分勝手な行動に対してどう思っているのかを考えていなかったのですね。
- C 自己中心的な考えが,周りの人にはどのように見えているのか。
- C 自分勝手な行動をすると周りの人がどんな思いをするのか。
- T どんな思いをするのでしたか。
- C 腹が立つ。　C 迷惑。

道徳ノートの記述と評価文例

他の人の気持ちを考えた記述

　今日の学習でわかったことは，順番や約束を守らないと他の人の気持ちや気分を悪くしてしまうので，きちんと順番や約束は守らないといけないなということがわかりました。順番を守らなかったり，約束を守らなかったりすると周りの人がどんな思いをするのかを考えて行動しようと思いました。

評価文例
「雨のバス停留所で」の学習を通して，順番や約束を守らないと他の人の気持ちを悪くしてしまうので，きちんと順番や約束を守らないといけないということを理解しました。

Point
順番や約束を守らないと周りの人の気分を悪くするので，きちんと順番や約束などを守らないといけないと理解し，自分の今後の生活に置き換えて考えられていることを評価した。

自分を誇れる生き方についての記述

　今日の道徳の学習を通して，わたしは順番をぬかした人は別にいやな気持ちにはならないけれども，ぬかされた人はすごくいやな気持ちになるのだなと思いました。これからは，自分のことばかり考えるのではなく，他の人のことを考えて，行動するようにしたいと思います。

評価文例
「雨のバス停留所で」の学習を通して，順番を抜かした人は嫌な気持ちにはならないが，抜かされた人はとても嫌な気持ちになるということを理解しました。

Point
順番を守らなかった人と守っている人の両方の気持ちを比べ，守っていた人は守らなかったことに対してとても嫌な気持ちになっていることに気付いていることを評価した。

他の人がどんな思いをするかについての記述

　今日の道徳の学習でわかったことは，順番を守らないで先頭に行くと，他に列にならんで待っている人たちがとてもめいわくするので，きちんと順番を守らないといけないと思いました。これからは自分のことだけを考えて行動するのではなく，他の人のことも考えて行動しようと思います。

　「雨のバス停留所で」の学習を通して，順番を守らないで先頭に行くと，列に並んで待っている人たちが迷惑するので，きちんと順番を守らないといけないことが分かりました。

　自分勝手な行動をとることによって他の人はどのような思いをするのかに気付き，その上で，自分のことだけを考えて行動するのではなく周りの人の気持ちも考えて行動することが大切であるということを考えられていることを評価した。

周りの人を大切にする気持ちよさについての記述

　今日の道徳の学習を学んで，順番を守らなくてもだれにも何も言われることはないが，本当はとてもいやな思いをしているんだということに気づきました。周りの人のことを考えて行動しなければならないと思いました。

　「雨のバス停留所で」の学習を通して，順番を守らなくても何も言われることはないが，本当は嫌な思いをさせていること，自分勝手な理由で順番を抜かすと並んでいた人が不満に思うということに気付きました。

　少しぐらいという勝手な理由からマナーを守らないと，守っている人々は不満といった嫌な気持ちを抱くということに気付いたことを評価した。

（川田　光範）

| 中学年 | 家族愛，家庭生活の充実【C-⑭】 |

家族で協力する意味や大切さについて考えよう

📖 教材：ブラッドレーのせい求書 📖

■ ねらい

家族のために働くことには，家族に対する願いや思いがあることを理解させる。

■ ねらいから見た評価のポイント

家族のために働くことには，願いや思いがあることが分かり，家族の一員として，家庭生活に関わることの大切さへの理解の深まりを評価する。

■ 主題設定の理由

家庭は，子供たちにとって，生活や成長の基盤となる場である。今，子供たちの家庭生活は多様化し，様々な家庭の形がある。しかし，どんな形の中でも，子供たちを思い，成長を願う気持ちが家庭の中にはあるであろう。しかし，子供たちは，日々の生活が当たり前になり，家族の願いや思いにまで，心を向けることは難しい。

普段当たり前になっていることの中にある願いや思いに目を向けさせ，理解させることで，自分も家庭生活に積極的に関わり，家族の一員としてよりよい家庭生活を築いていきたいという心を育みたい。

■ 授業づくりのポイント

「ブラッドレーの請求書」と，お母さんの請求書が願っていることの対比をすることを通して，普段，見過ごしがちな，家の人の願いや思いに目を向けさせたい。また，お母さんが0ドルにするものをいろいろ考えてみることで，家庭生活を支える仕事をイメージさせ，自分にもできることがあることを具体でとらえさせたい。そして，「何かさせてください。」といったブラッドレーが考えたことを考えさせ，丁寧に問い返すことを通して，自分も家族の一員として，家族を支え，喜ばせ，笑顔にしたりすることができることを感じ取らせたい。

学習指導過程

	学習活動	発問と予想される子供の心の動き	指導上の留意点
導入	○本時の課題を知る。	・今日は，２通の請求書の違いを考えよう。	・「請求書」意味を押さえながら，学習課題を知らせる。
展開	①教材を読む。		・全文を通読する。
	②ブラッドレーが，願っていたことについて考える。	ブラッドレーが請求書をお母さんに渡して，願っていたことはなんだろう。 ・ごほうび ・おだちん ・お金	・ブラッドレーは，したことを「お金の形で認めてほしい」と考えていることをとらえさえ，後半の母親との対比につなげる。
	③お母さんが請求書に０ドルと書くであろうことを考える。	お母さんがもっと請求書を書くとすれば，ほかにもどんなことを０ドルと書いただろう。 ・ごはんをつくってあげた代 ・掃除・洗濯をしてあげた代	・０ドルのものを考えることを通して，家庭生活を支える家の仕事を考えさせる。
	④お母さんがブラッドレーに願っていたことを考える。	お母さんがブラッドレーに願っていたことはなんだろう。 ・ありがとうの言葉 ・元気でいること　・笑顔	・お母さんの願いを考えることで，家庭生活での仕事を支えるものについて理解する。
	⑤「何かをさせてください。」といったブラッドレーの気付いたことについて考える。	ブラッドレーが「何かさせてください。」と言ったのはどんなことを考えたからだろう。 ・自分は自分のことばかりしか考えていなかったのに，お母さんが自分のためにがんばってくれていること。 ・家の仕事はお金のためにしているのではないこと。	・ブラッドレーの気付きを通してねらいに向けての理解を深める。
終末	○道徳ノートを書く。	○今日の学習で分かったことを書こう。	・学習について振り返らせ，自分の学びを整理させる。

教材の概要

朝食のとき，ブラッドレーはお母さんに，おつかいやお掃除代などの請求書を渡す。お昼に，ブラッドレーは請求したお金とともに，お母さんからの0ドルと書かれた請求書を受け取る。請求書を見たブラッドレーは，目を涙でいっぱいにしながら，お金を返し，「何かさせてください。」とお母さんに伝える。

授業の実際

〈学習活動③以降〉

> **発問**　お母さんがもっと請求書を書くとすれば，ほかにもどんなことを0ドルと書いただろう。

T　隣の席の人と一緒に考えましょう。

C　おそうじ代。

C　お料理代，お洗濯代もある。

C　参観日に来た代。

C　スイミングに送っていった代。

T　もう，そろそろ終わりかな。

C　もっとあるよ。宿題教えた代。

C　遊びに連れていった代。

> **発問**　お母さんの請求書は0ドルでしたね。では，お母さんがブラッドレーに願っていたことはなんだろう。

C　お母さんの気持ちを分かってほしいこと。

T　気持ちって？

C　お金じゃないこと。

C　お金でることじゃないこと。

T　それなら，お母さんは，気持ちじゃなかったら何がほしいの？

C　何もいらない。

C　ありがとうって言ってもらいたい。

C　喜んでくれたらいい。

C　元気でいてほしい。

T　願いがあるのですね，まだあるかな。
C　幸せ。

> **発問**　ブラッドレーが「何かさせてください。」と言ったのは，どんなことを考えたからだろう。

C　お母さんは，自分のためにしてくれていたのに，ぼくはお金をほしいと言って，悪かったと思った。
C　お母さんは，ブラッドレーのことを大事に思っているからしていたのに，自分はお金がほしいって言っちゃったから。
C　お母さんは，ブラッドレーのためにいっぱいしてくれていたから，自分もしようと思った。
T　お母さんのためだけにするのかな。
C　家の人。
C　自分。
T　家の人のためってどういうことかな。
C　みんなで分けてしたらみんな楽ちんになる。
C　喜ぶ。
T　なるほど。では，自分のためって？　どういうこと？　難しいね。
C　家族だから，自分もやらないと。自分だけやらないのは，だめ。
C　みんなが喜んだら，自分もうれしいから。
C　自分の家族だから。
T　願いがあるのかな。
C　喜んでほしい。
C　笑顔。

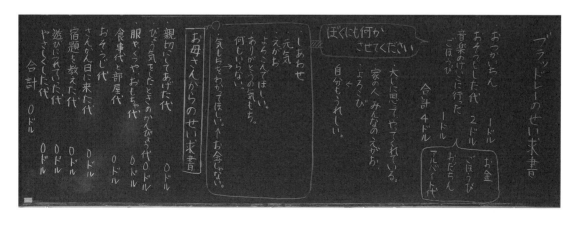

第2章　授業と評価の実践事例と道徳ノートの記述から見取る通知票文例集　101

道徳ノートの記述と評価文例

家族への感謝に関する記述

自分も家の人にいっぱいしてもらっているなあと思った。お金じゃないんだなあと思いました。ありがとうって思いました。

「ブラッドレーのせい求書」の学習を通して，改めて家の人は，自分のために，たくさんのことを，願いや思いをもってしてくれていることを見つめ，感謝の気持ちをもつことができました。

自分の生活を見つめ，自分に重ねて考えることができている。家の人の思いに気付き，感謝の気持ちをもつことができていることを評価した。

家庭を支える仕事の値打ちに関する記述

「ブラッドレーのせい求書」をやって，お母さんは，自分のことを思ってしてくれてるんだなあと思った。お手伝いはしてたけど，いやいやしてたから，家族のためにがんばろうと思いました。

「ブラッドレーのせい求書」の学習を通して，家の仕事に込められた願いや大切さに気付くことができました。自分も家族のためにがんばろうという気持ちになりました。

家族のために働くことには，願いや思いがあり，自分自身も家族の一員として家族のためにやってみたいとその値打ちに気付いたことを評価した。

家庭を支える仕事への関わりに関する記述

家のしごとっていっぱいあるなあと思いました。ぼくは，ほとんどやっていなかったと思いました。ほとんど，お母さんにやってもらっています。ブラッドレーは，お金をほしがってあかんかったと思いました。

「ブラッドレーのせい求書」の学習を通して，自分の生活を見つめ，家の仕事はたくさんあること，自分自身の関わりが少ないことを見つめ，家の人の思いに心を向けることができました。

自分の生活と重ねて考えることができている。また，「ブラッドレーはあかん」という拙い表現ではあるが，その裏には，「何のために家の仕事をするのか」ということへの気付きが感じられることを評価した。

家族を喜ばせたいという記述

「ブラッドレーのせい求書」をして，家の人は，自分のことを思って，いろいろなことをしてくれていることがわかりました。お手伝いをして，おこづかいをもらう時もあるけど，もらわなくても，やりたいなと思いました。家族がよろこんでくれるといいです。

「ブラッドレーのせい求書」の学習を通して，家の仕事をしているお家の人の願いや思いに気付くことができました。家族の喜びのために，自分ができることがあることに心を向け，考えることもできました。

家庭を支える仕事に願いや思いがあることを理解し，自分も家族の一員として，取り組むことに価値を見出しているところを評価した。

ブラッドレーの行動についての記述

ブラッドレーはすぐにあかんかったと思って，お母さんにあやまってえらかった。はんせいして，何かしようと思ったからよかった。

「ブラッドレーのせい求書」の学習では，家の仕事に込められた願いや思いがあることを理解し，それに気が付いたブラッドレーのよさに気付くことができました。

ブラッドレーの姿を通して，子供が家庭を支える仕事に願いや思いがあることを理解し，考えを変えたブラッドレーを認めているところを評価した。

（龍神　美和）

| 高学年 | 公正，公平，社会正義【C-⑬】 |

仲間はずれについて考えよう

📖 教材：名前のない手紙 📖

■ ねらい

　自分がいじめられないためにいじめる側に回ったり，傍観者になったりしやすい。しかし，どんな立場であってもいじめがあることを心から望んでいる者など誰もいないのだということに気付かせる。

■ ねらいから見た評価のポイント

　いじめられる側，いじめる側，傍観者のどの立場であっても，いじめがあることを心から望んでいる者など誰もいないということについての理解の深まりを評価する。

■ 主題設定の理由

　いじめの問題に対して，いじめを見かけた場合は勇気をもってそれを止めるべきだとか，いじめられている人のつらさを理解して思いやりのある行動をとるべきだというような方向から指導することがある。それは，いじめに対する勇気が足りない，思いやりが足りないという視点に立つものであり，確かに，いじめに対する指導の1つの視点である。しかし，子供はいじめられている人のつらさや悲しさが分かるからこそ，自分がそうなりたくないと思うのではないだろうか。そんな中で，自分がいじめられる危険をおかしてまで，いじめを阻止できる子供がどれだけいるかと考えてしまう。

　そこで本時は，いじめなど誰も望んでいないのだという人間観に立った指導を行う。

■ 授業づくりのポイント

　いじめという状況を目の前にして，いじめる側に加わっていたり傍観したりしている子供も，決して心からそれを望んでいるわけではなく，むしろ，やめたい，やめさせたい，いじめなんかなくなってほしいという気持ちが少なからずあるはずだということに気付かせる指導である。さらに，いじめの主犯格でさえ，後ろめたさや，罪悪感が心のどこかには必ずあるに違いないということに気付かせる。そして，自分自身も含めて，心からいじめを望んでいる者など誰もいないということに気付かせる。

学習指導過程

	学習活動	発問と予想される子供の心の動き	指導上の留意点
導入	○「仲間はずれ」から連想する事柄を考える。	・「仲間はずれ」という言葉からどんなことを連想するか。 　・いじめ　・さびしい　・悲しい	・仲間はずれのイメージから，本時のねらいに向けての方向づけをする。
展開	①教材を読む。		・全文を通読する。
	②仲間はずれにされた私の気持ちについて考える。	一人ぼっちで，楽しそうなみんなを見ている私はどんな気持だったか。 ・前みたいにみんなと仲よくしたい。 ・いつになったら元どおりになれるのだろう。	・仲間はずれにされて絶望的になっていく主人公のつらさ，苦しさ，不安をとらえさせる。
	③名前のない手紙を書いた子の気持ちについて考える。	名前のない手紙を書いた子は，井上さんが仲間はずれにされていることを，どんなふうに思っていたか。 ・自分は，本当はやりたくないけどしかたがない。 ・自分もとてもつらい。嫌な気持ちだ。	・自分は仲間はずれにしているが，本当はやりたくない，しかたなくやっている自分が情けないという気持ちをとらえさせる。
	④転校していく吉野さんの気持ちを考える。	転校していく吉野さんは，この仲間はずれを毎日どんな気持ちで見ていたのだろう。 ・嫌だなあ。　・こんなことやりたくない。 ・やめようと言えない自分が情けない。 ・嫌なクラスになってしまった。	・手紙を書いた子と同じく，しかたなく仲間はずれにしているが，本当はやりたくないし，つらい気持ちであることをとらえさせる。
	⑤他の子供たちの気持ちを考える。	手紙を書いた子，転校していく子以外の子供たちの気持ちはどうか。 ・みんなも同じ気持ちだと思う。 ・誰でもいじめなんかよくないと思っている。	・他のみんなも同じように，やりたくない，つらいという気持ちで，しかたなくやっていたと思っていることをとらえさせる。
		ミッコはどうか。大の仲よしだった井上さんを仲間はずれにして，ずっといい気持ちでいられただろうか。 ・悪いことをしてしまった。申し訳ない。 ・自分がやったことを後悔している。	・自分からやり始めたミッコだったが，井上さんや学級の様子を見て，罪悪感をもったり後悔をしたりするはずであるということに気付かせる。
終末	○道徳ノートを書く。	○今日の学習で分かったことを書こう。	・学習について振り返らせ，自分の学びを整理させる。

■ 教材の概要

　突然クラスの友達から仲間はずれにされて息の詰まるようなつらい毎日を送る主人公。ある日，本当は井上さんを仲間はずれにしたくないと書かれた匿名の手紙をもらう。また，転校していく子が別れの日にみんなの前で，井上さんを仲間はずれにしたことを恥じていると告白する。すると教室のあちこちから「私も」という声が上がり，その日で仲間はずれは終わる。

■ 授業の実際

〈学習活動③以降〉

> **発問**　名前のない手紙を書いた子は，井上さんが仲間はずれにされていることを，どんなふうに思っていたか。

C　私は，こんな仲間はずれはしたくない。
C　ミッコはひどい。井上さんがかわいそう。
C　井上さんごめんなさい。
C　でも，私だけがしないと，私がいじめられるから，嫌だけどしかたがない。
C　他の人たちも同じ気持ちのはずだ。
C　こんなことをいつまでも続けるのは本当に嫌だ。

> **発問**　転校していく吉野さんは，この仲間はずれを毎日どんな気持ちで見ていたのだろう。

C　嫌だなあ。こんなことやりたくない。
C　仲間はずれなんかやめたいけど，やめようと言えない自分が恥ずかしい。
C　誰か「もう，やめよう。」って言ってくれないかな。
C　ミッコはいつまで続けるつもりなんだろう。
T　もしも転校しなければ，私はどうなるかな？
C　次は，私が仲間はずれになるかもしれない。
C　嫌なクラスになってしまったなあ。

> **発問**　吉野さんが転校の日に，みんなの前で仲間はずれのことを言った時，「私も」「私も」という声が上がり，その日で仲間はずれが終わった。では，手紙を書いた子，転校していく子以外の子供たちの気持ちはどうか。

C　やっぱり，やりたくないと思いながらやっていた。
C　みんなも同じ気持ちだった。
C　ほかのみんなも，本当はやりたくないと思いながら，しかたなくやっていた。
C　みんな，仲間はずれはよくないし，やりたくないと思っているはずだ。
T　なるほど。私たちは誰かをいじめても，本当にいい気持ちにはならない，嫌な気分になるということですね。
C　（子どもたちがうなずく）
T　中には，うれしい人もいるのかな？
C　いると思う。
T　でも，誰かを悲しませるうれしさって，本当のうれしさかな。
C　（子どもたちの数人が「違う！」と言い，全体としてそれに同意する雰囲気になる）
T　そうですよね。少しはおもしろいという気持ちがあるかもしれないけれど，誰かを悲しませるなんて，やっぱりおかしいですよね。
C　（子どもたちがうなずき，教室全体に納得する雰囲気ができる）

> **発問**　でも，もう１人いますね。そうミッコです。ミッコはテストのことか何か分からないけど自分が井上さんを仲間はずれにしようと言ったのですね。大の仲よしだった井上さんを仲間はずれにして，ずっといい気持ちでいられただろうか。

C　やめておけばよかったと後悔していると思う。
C　はじめは，いい気分だったかもしれないけれど，長く続くうちに自分がやっていることがすごく悪く思えてきたと思う。

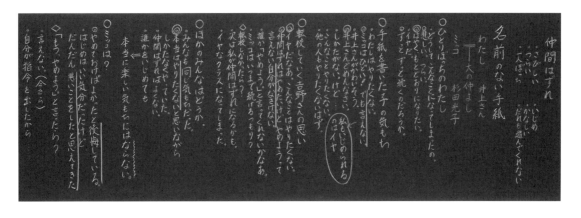

道徳ノートの記述と評価文例

いじめによって誰一人いい気持ちにならないということに関する記述

わたしは、いじめをしたら、いじめられている人だけでなく、いじめている人も、それを見ている人もみんなイヤな気持ちになるということが分かりました。だれ一人いい気持ちにならないいじめはぜっ対にしてはいけないと思います。みんなで協力していじめをしないようにしたいと思います。

評価文例

「名前のない手紙」の学習を通して、いじめをしたら、いじめられた人も、いじめている人も、それを見ている人もみんな嫌な気持ちになり、誰一人いい気持ちにならないということを理解しました。いじめは絶対にしてはいけないという思いももっていました。

Point

いじめはどこの学校でも起こるものであることを分かった上で、いじめをしたら、された者はもちろんのこと、いじめた者も、傍観者も含めて関係する全ての人が嫌な気持ちになり、誰一人いい気持ちになるものではないことに気付いたことを評価した。

いじめは学級の雰囲気を悪くするという記述

いじめがあると学級全体のふんい気が悪くなります。それは、仲のよかった子と遊べなくなるし、話もできなくなるからです。本当は、遊びたいし話したいのにできないから苦しいと思います。でも、いじめられている人はもっと苦しいと思うので、いじめはぜっ対にしたくないです。

評価文例

「名前のない手紙」の学習を通して、学級でいじめが起こると学級の雰囲気が悪くなると書いていました。それは、本当は仲よくしたい友達とも仲よくできなくなるし、話すこともできなくなるので、とても苦しくなるということだと理解しました。

Point

いじめが起こると、本当は仲よくしたい友達とも仲よくしてはいけなくなり、話すこともできなくなり、自分の思いとは違う行動をとらないといけないこと、そして、学級の雰囲気が悪くなることに気付いたことを評価した。

自分も友達もいじめをしたくないと思っていることに気付いた記述

　いじめがあると，自分はいじめたくなくても，だれかをいじめないといけなくなると思います。ぼくは，だれかをいじめるのはイヤです。それはだれとでも仲よくした方がいいと思うからです。今日の道徳で，みんなも本当は同じ気持ちだということが分かったのでよかったです。いじめはぜっ対にしてはいけないと思いました。

　「名前のない手紙」の学習を通して，誰でも本当はいじめをするのは嫌だという気持ちがあることを改めて確認しました。そして，自分だけでなく他の人たちも自分と同じようにいじめをしたくないと思っていることが分かってほっとしたようです。

　自分自身が誰かをいじめることを嫌だと考えていること，そして友達も（誰でも）本当はいじめをしても楽しい気持ちにならないのだということを理解したことを評価した。

いじめをしたい人などいないということに納得した記述

　わたしは，いじめをしたい人がいると思っていましたが，今日の道徳で，よく考えてみると人をいじめてもだれもいい気持ちにはならないし，いじめている人も本当に楽しくないということが分かりました。みんな，本当はいじめなんかしたくないと思っているはずだと思います。

　「名前のない手紙」の学習を通して，いじめをして本当に楽しいと考えている人がいないということが分かりました。人をいじめても心からいい気持ちになるはずがないということにしっかり納得したからだと思います。

　人間は誰かをいじめて喜んでいると考えがちだが，この学習を通して，そんなことは本当の喜びではないということを理解し，私たち人間は誰かをいじめたとしても心からいい気持ちになるものではないという考え方に納得したことを評価した。

（服部　敬一）

低学年　　　　　　　　　　　　　生命の尊さ【D−⒄】

生きていることのすばらしさを考えよう

📖 教材：ハムスターのあかちゃん 📖

■■ ねらい

　ハムスターのお母さんが赤ちゃんを大切にしている様子から，赤ちゃんの命がお母さんにとっても大切なものであることを理解させる。

■■ ねらいから見た評価のポイント

　ハムスターの母親が命ある赤ちゃんを大切にしている様子を知ったり，友達と生きている証を見つけ合ったりすることを通して，「生きている」ことのよさが分かったり，成長はみんなの願いであることをとらえたりできたことを評価する。

■■ 主題設定の理由

　生命の大切さは，それがもつ多様な側面（唯一性，連続性，有限性，神秘性など）から考えられることが多い。道徳教育や道徳科の授業では，それを計画的・発展的に自分と関わらせて自覚させていくことが大切である。しかし，1年生の子供には，観点を分類して知的にその意義を考えさせるよりも，生命を身近なものとして実感をもってとらえさせたり，周囲の人は自分たちの命を大切なものと考えていることを知らせたり，互いが大切にし合っていこうという気持ちをもたせたりする指導が大切だと考える。

■■ 授業づくりのポイント

　生活科の授業や今までの生活経験の中から，子供は小動物に接する機会はあるので，母親が育っていく赤ちゃんを大切に慈しんでいる様子は理解しやすく，共感しやすい。そこで，母親が大切にしている理由を考えさせ，それが成長を願うことであったり，健やかに育つことであったりすることに気付かせる。

　また，ハムスターの母親の思いは，自分の周りの人たちの思いと共通するということにも気付かせたり，自分たちが「生きている」ことを実感させる展開も用意したりして，自分自身のこととして考えられるようにする。

110

学習指導過程

	学習活動	発問と予想される子供の心の動き	指導上の留意点
導入	○本時の課題を知る。	・「生きている」ってどういうことかな？ 今日は，「生きている」ということについてみんなで勉強しよう。	・授業前の子供の「生きている」ことについてのとらえを明確にさせる。
展開	①教材を読む。		・教材は紙芝居にして，教師が範読する。
	②生まれたばかりの赤ちゃんに対するお母さんの気持ちを考える。	お母さんはどんな言葉を赤ちゃんにかけているかな。 ・かわいいね。大きく育ってね。 ・生まれてきてよかったね。 ・大事に育てていくよ。	・「そっとかんでいるみたい」という表現なども参考にして，母親が発する言葉を考えることを通して，その弱々しい命を慈しみ守ろうとする母親の気持ちを理解させる。
	③少し大きく育ったときのお母さんの気持ちを考える。	お母さんのおなかにくるまって赤ちゃんが気持ちよさそうにしているとき，お母さんはどんなことを思っているだろう。 ・大きくなってうれしい。 （理由）小さい時より強くなった気がするから。 ・もっと大きくなってね。 （理由）赤ちゃんを「たからもの」のように思っているから。 ・お母さんも気持ちいいよ。 （理由）（生きて健やかな）赤ちゃんと一緒でいい気持ちだから。	・母親の気持ちを発表した子供に，他の子供からそう思った理由を質問させることで，子供同士の対話の機会をつくり，子供同士の学び合いから母親が小さな命を慈しんでいる様子をとらえさせる。 ・母親の穏やかな様子は，赤ちゃんが「大きくなる」≒「生きている」ことによって醸し出されていることを押さえる。
	④友達同士で「生きている」ことを見つけ合う。	ハムスターのお母さんは赤ちゃんが生きていることがうれしそうだったけれど，みんなも友達同士で「生きている」ことを探してみよう。 ・○君の手が温かい。 ・○さんは話をしている。 ・△君は動いている。 ・△さんは元気に遊んでいる。	・子供を動かし，友達とふれあわせることから，自分たちの身近なところに命があふれていることを感じ取らせる。
終末	○学んだことを確認する。	○今日の学習で分かったことを書こう。	・発言により本時の学習を振り返らせ，学びのまとめをする。

第2章　授業と評価の実践事例と道徳ノートの記述から見取る通知票文例集　111

▓ 教材の概要

　ハムスターの赤ちゃんが生まれ，母親が大切に育てている様子が低学年の子供の視線で描かれている。場面は生まれたばかりの時の赤ちゃんと母親の様子，生後10日の赤ちゃんと母親の様子に大別して描かれており，「毛が生えていない」「目もあいていない」から「せ中のもようが分かる」「あくびをする」など具体的な成長の様子も描かれている。

▓ 授業の実際

〈学習活動③以降〉

> **発問**　お母さんのおなかにくるまって赤ちゃんが気持ちよさそうにしているとき，お母さんはどんなことを思っているだろう。

C　かわいい。

T　「かわいい」と思っていると言ってくれましたが，そう思った理由やもう少し詳しい気持ちを聞いてみたい人はいませんか。

C　どうしてかわいいと思っているの？

C　前（生まれたばかりの時）より，大きくなってきているからもっとかわいいし，もっと大きくなってほしいと思った。

C　ぼくも言ってもいいですか？

T　どうぞ。

C　「たからもの」みたいに大事にしているから，とてもかわいいと思っている。

C　毛も生えてきて，育っているからかわいいと思っている。

T　いろいろありますね。ほかにもお母さんの思ったことを発表できる人はいませんか？

C　早くもっと大きくなってね。

C　どうしてそう思ったのですか？

C　小さいと死んじゃうかもしれないけど，大人になると強くなるから，早く大きくなってほしいと思っている。

T　いろいろなお母さんの気持ちを考えられましたね。ハムスターのお母さんはみんなが考えてくれたように思っていると思うけれど，みんなのお家の人はみんなのことをどう思っているのかな？

C　早く大きくなってね，って思っている。

C　元気で大きくなってね，と思っている。

T　大きくなることをみんな願っているんだね。大きくなるためには，絶対に要ることがある

んだけれど，何か分かるかな？
C ……。
T うーん。ちょっと難しいね。生きていないと大きくなれないよね。
C それはそうだよ。死んじゃったら，大きくなれないんだよ。もう終わりなんだよ。
T そうか，よく分かっているね。ハムスターのお母さんやみんなの家の人は，みんなが生きて，大きくなることが願いだっていうことが分かったみたいだね。

> **発問** ハムスターのお母さんは赤ちゃんが生きていることがうれしそうだったけれど，みんなも友達同士で「生きている」ことを探してみよう。

C ○○さんと手をつないだら，○○さんの手は温かいよ。
C △△君の手も温かいよ。ほっぺも温かいよ。
C 心臓ドキドキしてる！
C みんな！ 静かにしないと心臓（の音）が聞こえないよ！ …あっ，本当だ！ ドクドクしてる！
T いろいろ「生きている」ことは見つけられるね。
C ごはん食べて，大きくなってるよ。それも生きているよね。
C おもしろいこと言ったら，笑ってる。それも「生きている」だ！

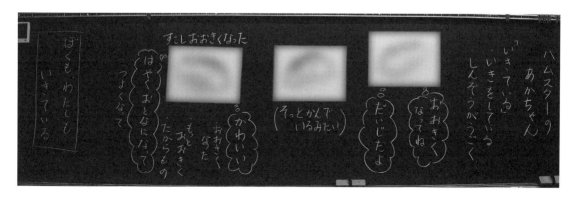

第2章　授業と評価の実践事例と道徳ノートの記述から見取る通知票文例集　113

■ 道徳ノートの記述と評価文例

　小学1年生（特に1学期）は，学んだことをノートなどに記述させることが難しい。たとえ記述できたとしても，十分なことが書かれていない記述から評価をすることは適当ではない。そのため，子供の発言，うなずきや挙手の様子をとらえることが評価のためには大切である。

　終末では，学びを振り返るための発言を促す。単語のみでの表現も少なくないので，全体で掘り起こしていく必要がある。そのため，十分に時間をとることも大切なことである。

母親が赤ちゃんの生命を大切に思い，成長を願っていることに関する発言

T　今日の道徳ではどんなことを勉強したかな。
C　ハムスターのお母さんが赤ちゃんのことをとても大事にしていました。
T　どうして大事にしていたのかな。
C　生きている赤ちゃんに，どんどん大きくなってほしいと思っているから。
T　同じように思った人はいるかな。
C　（挙手多数）

評価文例

　「ハムスターのあかちゃん」の学習を通して，お母さんは「生きている赤ちゃんに大きくなってほしいという願いをもっているから，赤ちゃんのことをとても大切にしている」ことが分かり，生命の尊さへの気付きをもつことができました。

Point

　思いを十分に表現できない子供の発言に「どうして」と問い返すことによって，学びとなったことを掘り起こすようにした。「生きている赤ちゃんに」という点にも触れていることから，生命への尊さへの気付きについても評価した。

自分たちが生きていることへの気付きに関する発言

T　今日の道徳ではどんなことを勉強したかな。
C　心臓がドキドキしていた。
T　それで，どんなことが分かったかな。
C　ぼくも○○くんも生きている！　C　手やほっぺも温かかったよ。
T　「ぼくも私も生きている」ということが勉強になったと思う人。
C　（挙手多数）

① 「ハムスターのあかちゃん」の学習を通して，「心臓がドキドキしているから自分も友達も生きている」と発言し，自分たちが「生きている」ことを実感することができました。

② 「ハムスターのあかちゃん」の学習では，友達と「生きていることを確認する」活動を通して，自分たちの手や顔が温かいことを実感し，自分たちが「生きている」ということに意識を向けることができました。

感じたことだけを発言した子供に対して，「分かったこと」を問い返すことによって，学びとなったことを掘り起こすようにした。「生きている」という発言から別の視点でも学習からの学びを発言する子供がいれば，それも個人の学びとして十分評価できる。

自分たちが大切にされていることへの気付きに関する発言

T 今日の道徳ではどんなことを勉強したかな。
C 私のお母さんもハムスターのお母さんみたいに私のことを大事に思っている。
T どうしてそれが分かるのかな。
C 私のお母さんも私に元気で大きくなってほしいと思っているから，「何でも食べなさい」とか「早く寝なさい」とか言われる。
T お母さんだけがそう思っているのかな。
C お父さんも，おじいちゃんやおばあちゃんもきっと思っているよ。
T お家の人がぼくや私のことを「元気で大きくなってほしいと思っている」ということが勉強になったと思う人。
C （挙手多数）

「ハムスターのあかちゃん」の学習を通して，自分が周囲から大切にされていることに気付き，「元気で大きくなってほしい」という願いが向けられていることにも気付くことができました。

「生命」という言葉はないが，低学年の学習内容としての「生きていることのすばらしさ」に関して，家族の思いを考えた内容が発言されているためそこを評価した。

1年生は言われた対象だけにしか視野が向けられないので，教師からの働きかけで「お母さん」だけでなく，周囲の人が皆思っていることに視野を広げた。　　（加藤　英樹）

| 中学年 | 生命の尊さ【D −⒅】 |

命を大切にするとは
どういうことか考えよう

📖 教材：ヒキガエルとロバ 📖

■ ねらい

　ヒキガエルと遠く去って行くロバの姿を，いつまでもながめていた少年たちの気持ちを考え，命を軽んじる行為の愚かさに気付かせる。

■ ねらいから見た評価のポイント

　無駄な殺生や小動物などをいじめる行為の醜さに改めて気付き，命を大切にするということは，どんな生き物にも人間と同じように１つしかない尊い命があることや，互いに支え合って生きているという方向での理解の深まりを評価する。

■ 主題設定の理由

　子供は，生活科で生き物を飼い育てたり，３年生から始まる理科で昆虫の基本的な生態を学んだりする。遊びの中でも小動物などとふれあう機会があり，動物や昆虫好きの子供は多い。しかし，好きではあっても飼育がおろそかになったり，好意をもてない生き物に対して無駄に殺生したりする場合がある。つまり命を大切にすることは幼い頃からしつけられているが，どの命も皆同じように１つしかない尊い命であるという意識は低いと言えよう。これは，何も小動物や昆虫に限った話ではない。人も同じように誰かに支えられ，皆１つしかない尊い命を懸命に生きている。しかし私たちは，普段から自分や周りの人たちの命を大切にしているという意識はあまりない。身近な人の死を経験したり，大けがや病気をしたりした時に改めて命の大切さを実感するものである。こうした意識の低さでは，相手はおろか自分の命をも大切にしようとする態度は芽生えないだろう。ひいてはそれがいじめなどの命を軽んじる行為を招きかねない。そこで，命を大切にするとはどういうことか，改めてその意味について理解させたい。

■ 授業づくりのポイント

　ロバの姿をいつまでもいつまでも見ていた少年たちの心情を考えることに終始せず，あくまで命を大切にするとはどういうことかを議論する。例として私たちが食べている他の動物の命は無駄に殺生したものではなく，生きるために必要な分をいただいていることに気付かせ，導入時の「命を大切にするとはどういうことか」に付加する形で命の尊さの考えを深める。

学習指導過程

	学習活動	発問と予想される子供の心の動き	指導上の留意点
導入	○本時の課題を知る。	・命を大切にするとはどういうことだろうか。今日はそのことを考えよう。	・導入時の子供の考えを板書しておく。
展開	①教材を読む。		・全文を通読する。
	②ヒキガエルの命を軽んじている場面について考える。	アドルフたちはなぜヒキガエルに石を当てたのか。 ・気持ち悪いから。 ・おもしろそうだから（ゲーム感覚）。 ・これぐらいでは死なないと思って。	・似たような経験はないか尋ねてみる。 ・ヒキガエルの命をどのように見ていたかを考えさせる。
	③ヒキガエルとロバの姿をいつまでもながめている少年たちの気持ちを考える。	ヒキガエルやロバの姿をいつまでもいつまでも見ていた少年たちは，どんなことを考えていただろう。 ・ロバでもヒキガエルの命を大切にしたのに，ぼくたちはなんて残酷だったんだろう。 ・ロバに命の大切さを教えられたな。 ・恥ずかしいことをしてしまった。 ・命は１つしかない。守れる者が守ってやらないと息絶えてしまう。	・ロバは自分がたたかれて痛い思いをしてまでどうしてヒキガエルを守ったのか⁉　などの補助発問で，命の尊さに対する考えを深めたい。
	④命を大切にするという意味づけや意義を考える。	命を大切にするとはどういうことか。 人間だって動物たちの命を奪っているのではないだろうか。 ・人間が生きるために他の動物たちの命をいただいている。だからそれは命を無駄にしているのではなく大切にしていることだと思う。 ・無駄に命を奪ったりしないこと。 ・支えてくれる命を支えること。例えば家族やペット，家畜を大事に育てること。	・人間同士の関係にも触れ，相手だけではなく，自分の命を大切にすることで互いに命を大切にし合っているなど，ねらいの理解を深める。
終末	○道徳ノートを書く。	○今日の学習で分かったことを書こう。	・学習について振り返らせ，自分の学びを整理させる。

第２章　授業と評価の実践事例と道徳ノートの記述から見取る通知票文例集　117

教材の概要

　雨上がりの畑道，偶然見つけたヒキガエルに石を投げ当て遊んでいる少年たち。その場を通りかかったロバの荷車にヒキガエルがひかれることを期待して見ていたが，ロバは主人のむちに耐えながら必死にカエルをひかないようにコースを変えた。その様子を見ていた少年たちは，小さく息をするヒキガエルと，遠く去って行くロバの姿をいつまでもいつまでもながめていた。

授業の実際

〈学習活動③以降〉

> **発問**　ヒキガエルやロバの姿をいつまでもいつまでも見ていた少年たちは，どんなことを
> 　　　考えていただろう。

C　ロバでもヒキガエルの命を大切にしたのに，ぼくたちはなんて残酷だったんだろう。

C　ロバに命の大切さを教えられたな。

C　恥ずかしいことをしてしまった。

T　ロバはヒキガエルに気が付いてひかないように気を付けてあげられたんだね。それなのに，少年たちは逆に命を奪おうとしていた…。その自分たちのむごさに気付いたんだね。

C　（うなずく）

T　でもどうしてロバは，自分がむちでたたかれて痛い思いをしてまで，ヒキガエルの命を守ろうとしたのかな？

C　ヒキガエルはすでにいじめられていて，傷ついていて，かわいそうだなと思ったから。

T　傷ついていたからですか？　じゃあ元気だったらそのままひいてしまっていたかな？

C　自分も（ロバ自身），主人にむちでたたかれて嫌な思いをしていたから，ヒキガエルの気持ちが分かった。

T　ヒキガエルのどんな気持ちなんですか？

C　やめてよぉ。　C　痛いよぉ。　C　どうしてぼくをいじめるの？　ぼくだって生きているのに。

T　ロバは自分もつらい目にあっているから，ヒキガエルを何とか守りたいと思ったのですね。でも，つらい目にあっている者だけが守ろうと思うのかな？

C　誰でもいい。つらくてもつらくなくても，弱くても弱くなくても，その時守れるものが守ってやらないと弱いものは死んでしまう。命は１つしかないから。

T　なるほど，ロバの後ろ姿や弱々しいヒキガエルをいつまでもいつまでも見ていて，少年たちはそんなふうに命の大切さを感じ取っていたのかもしれないね。

> **発問** 命を大切にするとはどういうことか。人間だって動物たちの命を奪っているのではないだろうか。

C 人間は，人間が生きるために他の動物たちの命をいただいている。だからそれは命を無駄にしているのではなく大切にしていることだと思う。

T 殺して食べているのに大切にしているって言えるの？

C 無駄に命を奪ったりしないこと。食べるまでは一生懸命大事に育てて，食べる分だけ食べている。遊びで殺したりはしないってこと。

T それは家畜業を営む人たちの話だね。
　みんなはどうですか。誰かの命を大切にしていますか？

C おばあちゃんの介護のお手伝いをして，長生きしてねっていつも言っているよ。

C 家で飼っているザリガニに毎日ちゃんと餌をあげて大切に育てているよ。

T 「命を大切にする」って，誰かや何かの命を大切に守ったり育てたりすることだけかな？

C ……。（小グループで話し合うなどしてじっくり考えさせてもいい）

T 例えば先生だったら，自分の家族の命を大切に思っていて，いつも一生懸命働いたり，ご飯を作ってあげたりしているよ。じゃあその先生の命は誰が大切にしてくれているのかな？

C 子供…？　先生の奥さん…？　先生のお父さんやお母さん…？

T そうだね，他にもこの学級のみんなもそうだよ。例えば先生の子供が元気に育ってくれるだけで，先生は自分もがんばろう！　自分も長生きしようって気持ちになるよ。

C 分かった，先生が大切にしているものが，先生のことも大切にしてくれている。

T きっと皆さんのお父さんやお母さん，おじいちゃんやおばあちゃんだってそうだと思うな。みんなが元気に楽しく学校へ行ってくれるだけで，うれしくなるし自分の命を大切にしよう（長生きしよう）と思っているはず。みんなだって，大好きな家族や友達がいるから家や学校が楽しくなるでしょ。自分のことを大切にするだけで，相手も自分自身や私を大切にしてくれるから，お互い様だね。

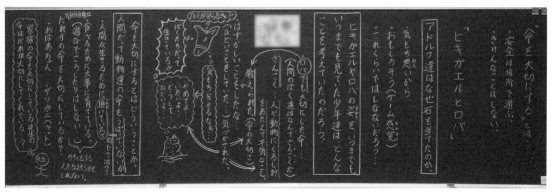

■ 道徳ノートの記述と評価文例

命を大切にするよさに関する記述

　わたしは命を大切にするのは当たり前のことだと思っていました。理由は，命は一つしかないからです。でもそれ以外にも，人の命を大切にすると自分の命も大切にしてもらえたり，自分の命を大切にすることで，相手の命が大切にされたりすることがあると初めて知りました。命を大切にするってやっぱり大事なんだなと思いました。

　「ヒキガエルとロバ」の生命の尊さを学ぶ学習を通して，人の命を大切にすることで自分も大切にされたり，自分自身の命を大切にすることで周りの人たちの命を支えたりすることにつながるなど，命を大切にする意義について考えを深めることができました。

Point

　「命は1つしかないから大切だ」という常識的な意味づけだけにとどまらず，命は自分だけのものではなく互いに支え合って生かされているなど，命を大切にすることの意義について新たな観点から見つめ直すことができたところを評価した。

自分のことを大切にしようとする生き方についての記述

　ロバは自分がいたい思いをしてまでヒキガエルを守ったのはなぜかと考えました。ロバはきっと，ヒキガエルも自分と同じように生きている，大切な命をもっていると思ったと思います。主人にむちでたたかれたのをがまんできたのは，自分のことを大切にしていないんじゃなくて，自分の生き方（命を大切にするという考え方）を大事にしていたと思います。ぼくもそうやって命を大切にできる人になりたいです。

　「ヒキガエルとロバ」の生命の尊さを学ぶ学習を通して，身をていしてヒキガエルの命を守ったロバの行動から，どんな命も大切にしようとする誇り高い生き方に感銘し，自分もそういう人になりたいという思いをもつことができました。

Point

　ロバがヒキガエルを守った行動について，命を大切にする理由だけではなく，自分が守れる命は何があっても守ろうとする生き方そのものに目を向けたり，自分もそうありたいと目指したりしているところを評価した。

命を軽んじることのむごさについての記述

　ピエールたちは最初，ヒキガエルの命を何とも思っていなかったと思います。たとえカエルでも，人間が勝手に命をうばうのはだめだし，ピエールたちの行動は命を命と思っていないとてもひどいことだと思います。でもロバがヒキガエルをよけて通るのを見て，自分たちがしたことはひどいことだと分かったと思います。わたしだってわたしの友達や家族のだれかが人からひどい目にあわされたら，とってもつらいし悲しいです。だからわたしは命を大切にします。

　「ヒキガエルとロバ」の生命の尊さを学ぶ学習を通して，命を軽んじることのむごさについて考えることができました。そしてどんな命もかけがえのない尊い命であることを，改めて見直すことができました。

　命を軽んじることに対する憤りや悲しみを自分事としてとらえ，改めて命の尊さについて見直したことを評価した。

支え合う命についての記述

　今日は命の大切さについて学習しました。わたしは生きていることをあまり深く考えたことがありませんでした。当たり前にあると思っている命も，いつなくなるか本当はだれにもわからなくて，命をもっと大事にした方がいいと思いました。それに，だれかに支えられて生きていることや，自分が元気に生きることでだれかの命の支えになっていることを考えると，命は自分だけのものじゃないんだなと思いました。

　「ヒキガエルとロバ」の生命の尊さを学ぶ学習を通して，当たり前にあると思っていた命を改めて見つめ直すことができ，限りある命を大事にすることや，命は自分だけのものじゃないと気付くことができました。

　人間理解として，命の尊さをつい忘れがちな普段の生活に気が付き，改めて命の大事さを感じ取ることができた。また，自分の命が他の誰かの命の支えになっているなど，命が自分だけのものじゃないと気付けたところを評価した。

（眞榮城　善之介）

| 高学年 | よりよく生きる喜び【D−22】 |

よりよく生きる意味について考えよう

📖 教材：くもの糸 📖

■ ねらい

　人間には誘惑に負けたり，楽な方に流されたりする弱さがあるが，本来は誠実に生きようとする願いをもっているものであることを理解させる。

■ ねらいから見た評価のポイント

　よりよく生きようとする人間の強さや気高さを理解することで，人間として生きる喜びを感じることにつながるという方向での理解の深まりを評価する。

■ 主題設定の理由

　人間は本来，よりよく生きたいという願いをもっており，そのために人間性を高めようと努力するすばらしさをもつ生き物である。しかし，人間は完璧な生き物ではなく，誰しもが誘惑に負けたり，楽な方に流されたりする弱さもあわせもっている。このようなすばらしさや弱さは全ての人の中に存在するものである。しかし，人間は決して内存する弱さをそのままにしておくわけではなく，弱さを羞恥として受け止め，それを乗り越え誇りをもつことに生きる喜びを感じる。このように，人間として生きる喜びとは人からほめられたり，認められたりすることだけで生じるものではない。自分の弱さを乗り越え，自分の良心に従って行動することで人間のすばらしさに気付き，よりよく生きようとする喜びにつながることを理解させたい。

■ 授業づくりのポイント

　カンダタに対するおしゃか様の行動を通して，人間誰もがもつ心の弱い部分を振り返らせたい。また，自分だけがよければよいという自己中心的な考え方が醜いことにも気付かせたい。そのために，おしゃか様はなぜくもの糸をたらしたのに切ってしまったのか，おしゃか様はカンダタに何を期待していたのかを議論させ，人間は誰でも，よりよく生きようとする存在であることについての理解を深める。

■ 学習指導過程

	学習活動	発問と予想される子供の心の動き	指導上の留意点
導入	○「地獄」と「極楽」についてのイメージを話し合う。	「地獄」と「極楽」はどこが違うだろう。 ・地獄は悪いことをした人が行くところ。 ・極楽はよいことをした人が行くところ。	・自由に話し合わせることで地獄の残酷さを想像させる。
展開	①教材を読む。 ②おしゃか様の考えについて考える。	おしゃか様がカンダタを助けることにしたのはなぜだろう。 ・くもを殺さずに助けたから。 ・カンダタを助けることによって，自分の罪を反省すると思ったから。	・全文を通読する。 ・おしゃか様のカンダタに対する考えをつかませる。
	③カンダタの言動について考える。	（おしゃか様が）くもの糸を切ったのはなぜだろう。 ・自分のことしか考えてないから。 ・罪人たちを思いやる気持ちがないから。 ・カンダタが「こら，罪人ども。このくもの糸はおれのものだぞ。おりろ。おりろ。」と言ったから。	・自分を犠牲にするのは難しいことだが，カンダタがその心に近づく努力をしなかったことをとらえさせる。
	④おしゃか様のカンダタに対する期待について考える。	（おしゃか様は）この後カンダタがどうなることを期待して糸を切ったのだろう。 ・改心してほしい。 ・心の中にある優しさを思い出してほしい。	・おしゃか様がカンダタに期待していることをつかませる。
	⑤おしゃか様の人間に対する思いについて考える。	どうしておしゃか様はそんなことを期待できたのだろう。 ・カンダタにもよいところがあるから。 ・カンダタなら心を入れ替えると思ったから。 ・人間は心の中に優しさをもっているから。 ・人間はみんなよりよく生きたいと思っているから。	・おしゃか様がそれほど期待したのはなぜかを考えさせることで，ねらいの方向への理解を深める。
終末	○道徳ノートを書く。	○今日の学習で分かったことを書こう。	・学習について振り返らせ，自分の学びを整理させる。

第2章　授業と評価の実践事例と道徳ノートの記述から見取る通知票文例集　123

教材の概要

　地獄に落ちたカンダタが生前くもを殺さずに助けたことをおしゃか様が思い出し，助けてやろうとくもの糸をたらす。それに気付いたカンダタが地獄から抜け出そうと必死にしがみつくが，そのうしろを他の罪人たちも登ってくる。それに対して「このくもの糸はおれのものだぞ。おりろ。おりろ。」とカンダタがわめいた瞬間，その糸が切れてしまう。

授業の実際

〈学習活動④以降〉

> **発問**　この後カンダタがどうなることを期待して糸を切ったのだろう。

- C　改心してほしい。
- C　心の中にある優しい気持ちを思い出してほしい。
- C　自分のことだけじゃなく，他の人のことも考えられるようになってほしい。
- C　自分さえよければよいという考え方を改めてほしい。
- T　（学習活動②の黒板を指し示して）これって，おしゃか様はカンダタを助けようとしてくもの糸をたらしたんですよね。それなのにくもの糸を切ってしまいました。おしゃか様は本当はカンダタを助ける気がなかったのでしょうか。
- C　（首を横にふる）助けようと思っていた。（口々に）
- T　ということは，おしゃか様の期待をカンダタが裏切ったのですね。
- C　（うなずく）

> **発問**　どうしておしゃか様はそんなことを期待できたのだろう。

- C　くもを殺さずに助けたから。
- T　なるほど，くもを殺さなかったからカンダタを助けようと思ったのですね。ですが，たくさん悪いことをしてきて，くもを殺さなかっただけでどうしてカンダタを助けようと思ったのでしょう。
  （少数の手が挙がるが，多くの子供たちは（はて？）と考え始める。（しばらく待つ））
- C　まだ優しい心が残っているから。
- C　カンダタなら心を入れ替えてやり直せると思ったから。
- T　なるほど，まだ優しい心が残っていて，カンダタならやり直せると思ったのですね。しかし，おしゃか様はくもの糸を切ってしまいました。善と悪があるならカンダタの心の中は

100%悪なのでしょうか。
C　100%ではない。少しはよいところもある。
T　では，もし，くもの糸が絶対に切れない頑丈なロープのようなものだったら，カンダタは他の罪人たちにどんなことを言ったと思いますか。
C　お前たちもロープにつかまれ。みんなで助かろうと言ったと思います。
C　やっぱり，「おりろ。おりろ。」と言ったと思います。
T　もちろん，そういう気持ちもあるかもしれませんね。でも，頑丈なロープで他の人も助けられるのに，わざと助けないで自分だけが助かろうという考え方をカンダタ自身はどう思うだろうか。
C　ずるい。自分勝手。
C　優しくない。ひきょう。
T　（学習活動③の黒板を指し示して）このときとは言っていることが違いますね。カンダタの心は本当はどちらを願っていたのでしょう。
C　他の罪人たちも一緒に助けてあげたい。
C　自分だけじゃなくてみんなで助かりたい。
T　それはカンダタに，人としてよりよく生きたいという願いがあるということですね。
C　（うなずく）
T　そんなふうに，よりよく生きたいと願っているのはカンダタだけでしょうか。
C　他の人もそう願っている。
C　みんな心のどこかではよく生きたいと思っている。
T　もし，みなさんがカンダタだったら，下から登ってくる罪人を助けることができるのに，わざと地獄に落とした場合，どんな気持ちになるでしょう。（どうして）
C　ひどいことをしてしまった。
C　嫌な気持ちになる。自分勝手なことをしてしまったから。
C　気持ちが悪い。悪いことをしたという後悔が残ってしまうから。
T　人間ってそういうものですよね。

■ 道徳ノートの記述と評価文例

人は誰でもよく生きたいと願っているということに関する記述

今日の学習で，人間にはよい心と悪い心の両方があるけど，悪い心だけの人はいないと思いました。だれでも，心の中にはよい心があって，よく生きたいと思っていることが分かりました。きっとおしゃか様は罪人にも優しい心が残っていて，やり直すことができると思いました。だからカンダタにも助かるチャンスをくれたのだと思います。

評価文例
「くもの糸」の学習を通して，人は誰しもよい心と悪い心をもちあわせているが，誰の心の中にもよりよく生きたいという思いがあるのだということに気付きました。

Point
人間は完璧な生き物ではなく，心の中にはよい心と悪い心が同時に存在しているが，誰もが，よりよく生きたいという願いをもっているということに気付いたことを評価した。

誰も人を傷つけたくないと思っていることについての記述

今日の学習で分かったことは，よりよく生きるということです。たとえ罪人であってもどこかによいところがあって，何もないのに人を傷つけることはしたくないと思っていることが分かりました。ぼくは，みんなを助けられるような生き方を心がけて，自分が正しいと思える生き方ができればいいなと思いました。

評価文例
「くもの糸」の学習を通して，たとえ過ちを犯してしまった人でも，人間には必ずよいところがあるということを理解しました。また，よりよく生きることの大切さにも気付くことができました。

Point
たとえ罪人であっても人間には誰しもよい面があるというおしゃか様の考えを人間本来の生き方として認め，その生き方に気付いたことを評価した。

本当は罪人たちと一緒に助かりたいという記述

カンダタは自分勝手な行動をしたからおしゃか様が怒ってくもの糸を切ってしまったけど，自分も地ごくに落ちてしまうと思って罪人たちにどなったのだと思います。もし，くもの糸がぜっ対に切れない糸だったらカンダタも本当は，罪人たちと一緒に助かりたいという気持ちがあったと思います。

「くもの糸」の学習を通して，人間は自分のことだけを考えて行動してしまいがちであるが，本来はよく生きようという願いをもっていることに気付きました。

Point

人間は心の余裕のなさからついつい自分勝手な行動をとってしまいがちであるが，本来は誰もがよく生きたいという願いをもっているということに気付いたことを評価した。

心から悪いことをしたいと願っている人はいないという記述

カンダタのように自分勝手なところはだれにでもあると思います。でも，よい心もだれの心の中にも少しはあって，心から悪いことをしたいと願っている人はいないことが分かりました。自分もすぐ楽をしようとする心の弱いところがあるけど，自分勝手なことをしていると周りにめいわくをかけてしまうので，それを乗り越えていきたいと思いました。

「くもの糸」の学習を通して，自分の弱さを受け止め，乗り越えようとすることの大切さを理解しました。そして，人間には弱いところもあるけれど，心から悪いことをしたいと願っている人はいないということに気付きました。

自分の弱さを認め，それを乗り越えようとするすばらしさ，そして，人間は心から悪いことをする人はいない，よりよく生きたいという思いをもっていることに気付いたことを評価した。

（亀井　大輝）

【編著者紹介】

服部　敬一（はっとり　けいいち）
大阪府大阪市立豊仁小学校校長

【執筆者紹介】　（執筆順，所属は執筆時）

入江　詩郎	大阪府大阪市立西淡路小学校
櫻井　宏尚	福島県郡山市立行健小学校
大野　雅彦	大阪府大阪市立新森小路小学校
寺西　克倫	大阪教育大学附属平野小学校
中山　真樹	大阪府高槻市立竹の内小学校
河西由美子	大阪府大阪市立豊仁小学校
藤岡三奈子	大阪府大阪市立豊仁小学校
眞榮城善之介	琉球大学教育学部附属小学校
下野　理史	大阪教育大学附属天王寺小学校
龍神　美和	大阪府豊能町立東ときわ台小学校
川田　光範	大阪府大阪市立豊仁小学校
加藤　英樹	愛知県名古屋市立西築地小学校
亀井　大輝	大阪府大阪市立豊仁小学校

道徳科授業サポートBOOKS

小学校「特別の教科　道徳」の授業と評価
実践ガイド
道徳ノートの記述から見取る通知票文例集

2018年3月初版第1刷刊　ⓒ編著者　服　部　敬　一
2019年1月初版第5刷刊　発行者　藤　原　光　政
　　　　　　　　　　　発行所　明治図書出版株式会社
　　　　　　　　　　　　　　　http://www.meijitosho.co.jp
　　　　　　　（企画）佐藤智恵（校正）川村千晶・㈱友人社
　　　　　　　　　　〒114-0023　　東京都北区滝野川7-46-1
　　　　　　　　　　振替00160-5-151318　電話03（5907）6703
　　　　　　　　　　ご注文窓口　電話03（5907）6668

＊検印省略　　　　　組版所　長野印刷商工株式会社

本書の無断コピーは，著作権・出版権にふれます。ご注意ください。

Printed in Japan　　　　　ISBN978-4-18-221321-2
もれなくクーポンがもらえる！読者アンケートはこちらから →